認知症になったリア王

相続と介護

伊藤伸一、伊藤正治 共著

言視舎

目次

【はじめに】

数年前、定年退職を目前にした私は不安を抱えていました。両親の認知症がすすんでいたのです。

「ボケてる両親が亡くなったら、相続は滞りなくできるだろうか」

そんなことをぼんやりと考え始めました。

一番の心配事は、30年前に失踪して行方不明の弟のことでした。法定相続人が揃わないと相続手続きはできないのではないか。そんな疑問が頭に浮かびます。

「相続人全員の印鑑をもらってこい！　でないと手続きはできん！」

お役所のお偉いさんにそう言われたらもうお手上げです。

30年以上探し続けた弟に、急に連絡が取れるわけがないのですから。

まずは弟をこよなく愛する二人の痴呆老人を説得して、弟の死亡を確定しなければなりません。

これは弟が健在であることを願っている私にとってもつらいことです。でもここは情実を超えて事務的に事を運ばないと大変なことになるのは明々白々。

こうして私の「介護と相続」との格闘が始まりました。

しかし予想を上回る大変さ。いろいろなことがあちらこちらから吹き出し、そして湧き出してきます。

「どうしたらいいんだ！」

様々な試練に出会って戸惑い続けたハムレットの気分です。

ボケて何事も面倒になり髭を剃ることをやめた親父。ぼうぼうと長く伸びた白髭を指でいじる姿はまるでリア王です。

「どうやって弟の死亡手続きの話を切り出せばいいんだ！」

ハムレットの悩みは膨らむばかりです。

でも、ハムレットは知っていました。リア王のボケはすでに説得が及ばないところまで進行していることを……。

嗚呼、神様！　お助けを。我に救いの手を！

【主な登場人物】

この本は、私と親父との真剣かつ滑稽な介護と相続の記録です。

人間関係がややこしいので、まずは登場人物を紹介しておくことにします。

［主要人物 No.001］

親父こと主役のK市さん。

ニックネームはルーティン伯爵、リア王。そしてたまにドン・キホーテ。

大正12年（1923）生まれ。戦争に行きたくないばっかりに理科系の大学に進学。学徒出陣は回避できたものの、終戦間際の8月に赤紙（召集令状）を受け取ります。でも混乱の中、出征はせず。

ただ空襲で本がすべて燃えてしまい、以来自宅に蔵書をすることをやめてしまいました。親父曰く、「本になったときは情報はすでに古くなっているから、そんなものはいらない」んだそうです。

T大学を卒業した父は、大手電機メーカー・T電気に就社。真面目な技術屋になりました。有名な○億円事件の時はF工場で働いていました。そしてボーナスを盗まれた社員の一人になりました。

その後、N社からビギナー向けの専門書を執筆。これが分かりやすいと評判を呼び、数年後に大学教授となります。

大学を辞めた後は自分一人の事務所を作り、毎日通いました。そこで専門書を書いたり、雑誌に寄稿したりと忙しくしていました。また講演で地方を巡ることも多かったです。

出掛ける時はスーツか替え上着。家ではいつも浴衣姿でした。冬は浴衣を重ね着して過ごしていました。

享年93。

「誕生日を過ぎると人は死ぬ」とよく言われますが、親父もそうでした。

好きな歌手は島倉千代子。

「人生いろいろ」ではなく「からたち日記」が好きでした。

[主要人物 No.002]

お袋、H美さん。親父の七つ年下の昭和5年（1930）生まれ。

絶対君主のリア王が、唯一頭が上がらない人物。それも絶対に。なぜならば、リア王はこよなくお袋が好きなのです。トランプでキングより強いカードはジョーカー。なので、お袋のニックネームはジョーカー（決してババという意味ではありません）。

親父はお袋の言うことであればなんでも聞きます。だから三人の息子たちは子供の頃からこの関係を利用しました。自分の意見を押し付けて従わせようとする頑固な親父に対抗するため、そして攻略するため、お袋を盾として使うのです。

「どうだ、これでも喰らえ、クソ親父！　お袋光線、発射〜！」

と、お袋ビームを親父めがけて発射するのです。

お袋を通して親父を説得する。これが息子たちの唯一の生きる道。唯一の自己防衛手段だったのです。

親父がお袋のことを好き過ぎるのが、どんなにありがたかったことか。

ひたすら、……多謝。

「ありがとう」ではなく「ダンケシェーン」あるいは「ダンケ」とドイツ語で気取っていうのが好きなお袋ですが、ボケたあとは聞かなくなりました。

リア王のことはいろんなニュアンスを含めて、「旦《だん》つく」もしくは「ウチの旦《だん》つく」と呼んでいます。

好きな映画は『オーケストラの少女』。

[主要人物 No.003]

昭和30年（1955）生まれの**私**。三人兄弟の**長男のS市**。ニックネームはハムレット。

サラリーマンの私は、長年付き合っていた女性と26歳で結婚。実家での同居生活を始めます。結婚して4年目に一度実家を離れますが、その後実家を二世帯住宅にリフォームして、両親との同居を再開。

子供は娘と息子が一人ずつ。

趣味はスポーツ観戦。野球、サッカー、ラグビー、そして箱根駅伝。小高い丘の上にある家から急で長い階段を下ると、箱根駅伝二区の走路である国道に出ます。子供が小さい頃は、正月に毎年一緒に観に行って旗を振りました。

特技はタンバリン。これは営業マン生活で培った技術です。お客さんのカラオケに合わせ、踊りながら叩くタンバリンはいつでも感動の嵐を巻き起こします。特にチェッカーズの「ジュリアに傷心」、少年隊の「仮面舞踏会」はもうキレキレです。

[主要人物 No.004]

私の妻、ハーちゃん。

ニックネームはナイチンゲール。そしてたまにサンチョ・パンサ。

この人にはもう感謝しかありません。結婚以来、癖の強い両親の面倒を本当に根気よく見てくれています。ボケた両親に絶えず笑顔で寄り添う姿はもう神々しいばかり。5分に一回同じことを繰り返す老人の煩雑さに、嫌がらずにきちんと付き合ってくれる姿は、まさしく我が家の太陽です。

おぉ、神は私になんという素晴らしいパートナーをお与え下さったことか。

好きな歌手はソロになる前のザ・タイガース時代のジュリー（沢田研二）。「君だけに愛を」「シーサイド・バウンド」は素敵過ぎてキャーッて感じ、と笑顔のハーちゃん。私とジュリーとの共通点は、中年になって太ったことだけです。

［主要人物 No.005］

次男坊。二歳違いの弟。この本の裏主役、影の主人公です。

ニックネームは〝青い鳥〟。のちに〝天狗のおじさん〟。

誕生日はクリスマス・イブ。子供の頃、毎年誕生日になるといつもケーキに憤っていました。なぜ誕生日ケーキでなくクリスマスケーキなのかと。

「しょうがないじゃない。この時機、誕生日ケーキはどこにも売ってないのよ」

お袋がなだめても納得する様子はなく、ただただ世間の理不尽を嚙みしめている様子でした。

大学を出て、某保険会社に入社。実家で私たち夫婦と一緒に両親共々暮らしていました。しかし5人での同居生活は1年ほどで終わりを告げます。会社に入って3年目の12月、忽然と姿を消してしまったのです。失踪です。次男坊は〝幸せの青い鳥〟を求め旅立っていきました。

愛読書はヘルマン・ヘッセの『車輪の下』。好きな音楽はサイモン&ガーファンクル。

果たして青い鳥は見つかったのやら……。


「いつ帰ってきてもいいように」

次男坊の部屋は両親の意向で今でも当時のままです。やがて誰も近寄らない開かずの部屋になり、掃除もしないので凄い埃だらけの部屋となりました。

「ねえ、天狗のおじちゃんの部屋に探検に入っちゃダメ?」

いつからか子供たちは次男坊のことを「天狗のおじちゃん」と呼んでいます。

2011年の大震災の時には、本棚から全ての本が落ちて天狗のおじちゃんの部屋の入り口をもの見事に封鎖しました。埃が舞い上がってすごい状況になったとき、天狗になった次男坊が一瞬だけ我が家に帰ってきた気がしてなりません。

以上が主要メンバーです。

脇を固める多彩な俳優陣、**三男坊・娘・息子・妻の妹**、そして**税理士Tさん**については追々紹介することにします。

ちなみにニックネームは「ピーターパン」「ナウシカ」「コナン」「歴女」「救世主メシア／天の声さん」です。

駆け足ではありますが登場人物をご紹介しました。

ではこれからいよいよ本題に入っていきます。でもその前に知っていただきたいことがあります。

我が家の相続の前には、立ち塞がる極めて**大きな壁が3つ**あったということです。

1つ目は、**行方不明の次男坊**のこと。

2つ目は、**親父のキャラクター**。

3つ目は、**相続する土地の特殊性**。

小高い丘の上に建つ家の周りは崖。この崖地の評価価格の算定が難しかったのです。崖の一部には県による崖崩れ防止の工事が入り、急傾斜地域に指定されています。

また接道がないことも大きな問題でした。家の周囲3方向は崖で、残りの一方向は隣の家の土地です（隣家の私道を通って公道に出入りしている状態です）。あと境界線がアバウトな状態だったので、きちんと確定させる必要がありました（40頁のイラスト参照）。

まずは、我が愛する親父の話からはじめていきましょう。

○コラム1　法定相続人

法定相続人になれるのは配偶者と血族です。

配偶者は必ず相続人となりますが、血族には相続人になる優先順位があり、先の順位の人が1人でもいる場合は、後の順位の人は相続人になれません。

優先順位は以下の通りです。

第1順位……故人の子ども　※子どもが先に亡くなっている場合は孫、曾孫といった直系卑属
第2順位……故人の父母　※父母が先に亡くなっている場合は祖父母、曽祖父母といった直系尊属

第3順位……故人の兄弟姉妹　※兄弟姉妹が先に亡くなっている場合は甥姪

故人に子どもも孫（曾孫）もいない場合に限り、第2順位の親が法定相続人となります。第3順位の兄弟姉妹も同様に、故人に子どもも孫（曾孫）もいなくて、父母や祖父母たちが死亡している場合に限り、法定相続人となります。

相続財産の分け方ですが、配偶者と第1順位の子どもが法定相続人の場合は、配偶者と子どもが2分の1ずつ分けます。子どもが複数いる場合には、子どもの相続分を頭割りで計算。たとえば配偶者と3人の子どもが法定相続人の場合は、配偶者が2分の1、子どもが2分の1×3分の1＝6分の1ずつの法定相続分となります。

相続人関係図

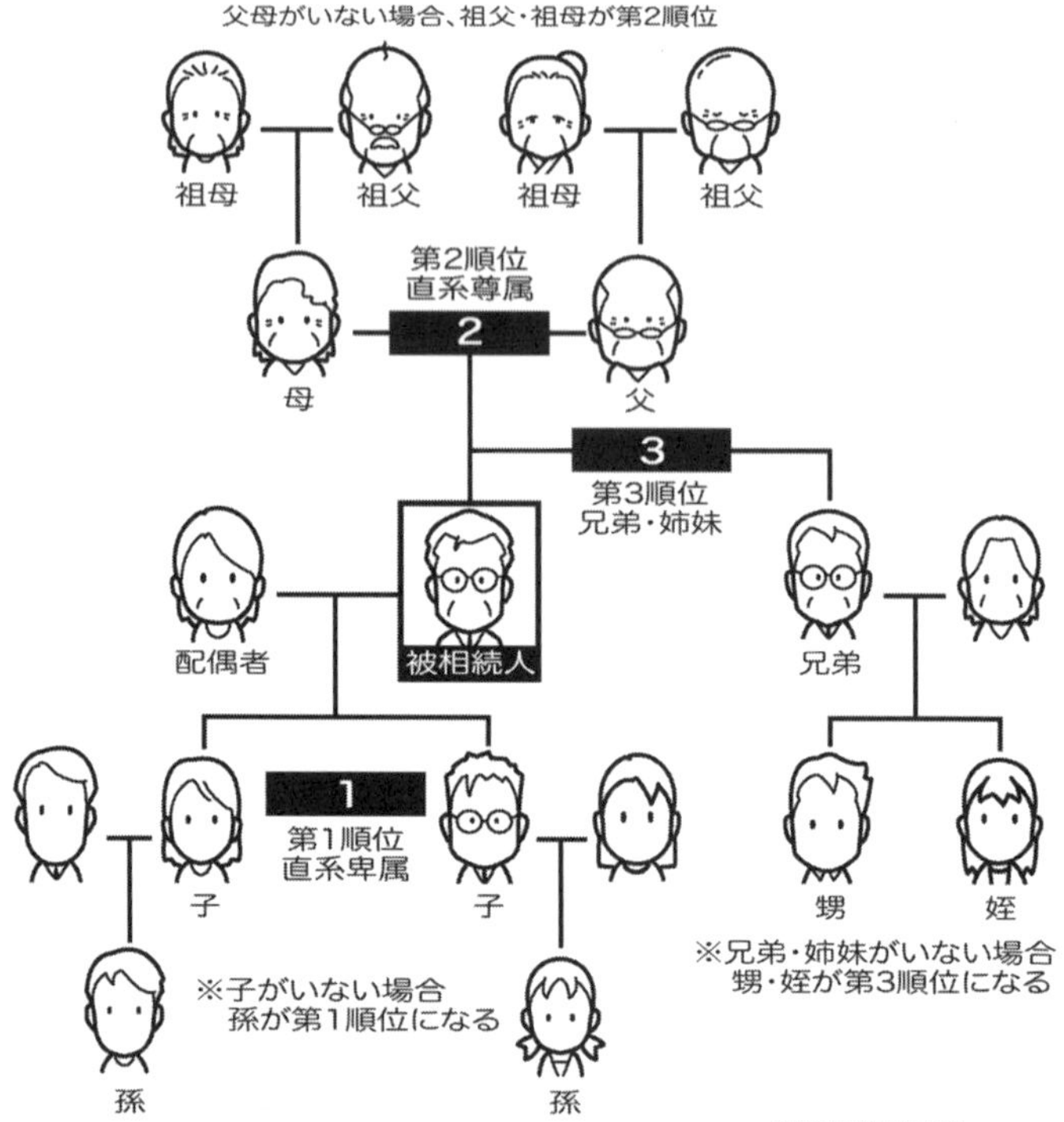
父母がいない場合、祖父・祖母が第2順位
祖母
祖父
祖母
祖父
第2順位
直系尊属
2
母
父
3
第3順位
兄弟・姉妹
配偶者
被相続人
兄弟
1
第1順位
直系卑属
子
子
甥
姪
※兄弟・姉妹がいない場合
甥・姪が第3順位になる
※子がいない場合
孫が第1順位になる
孫
孫

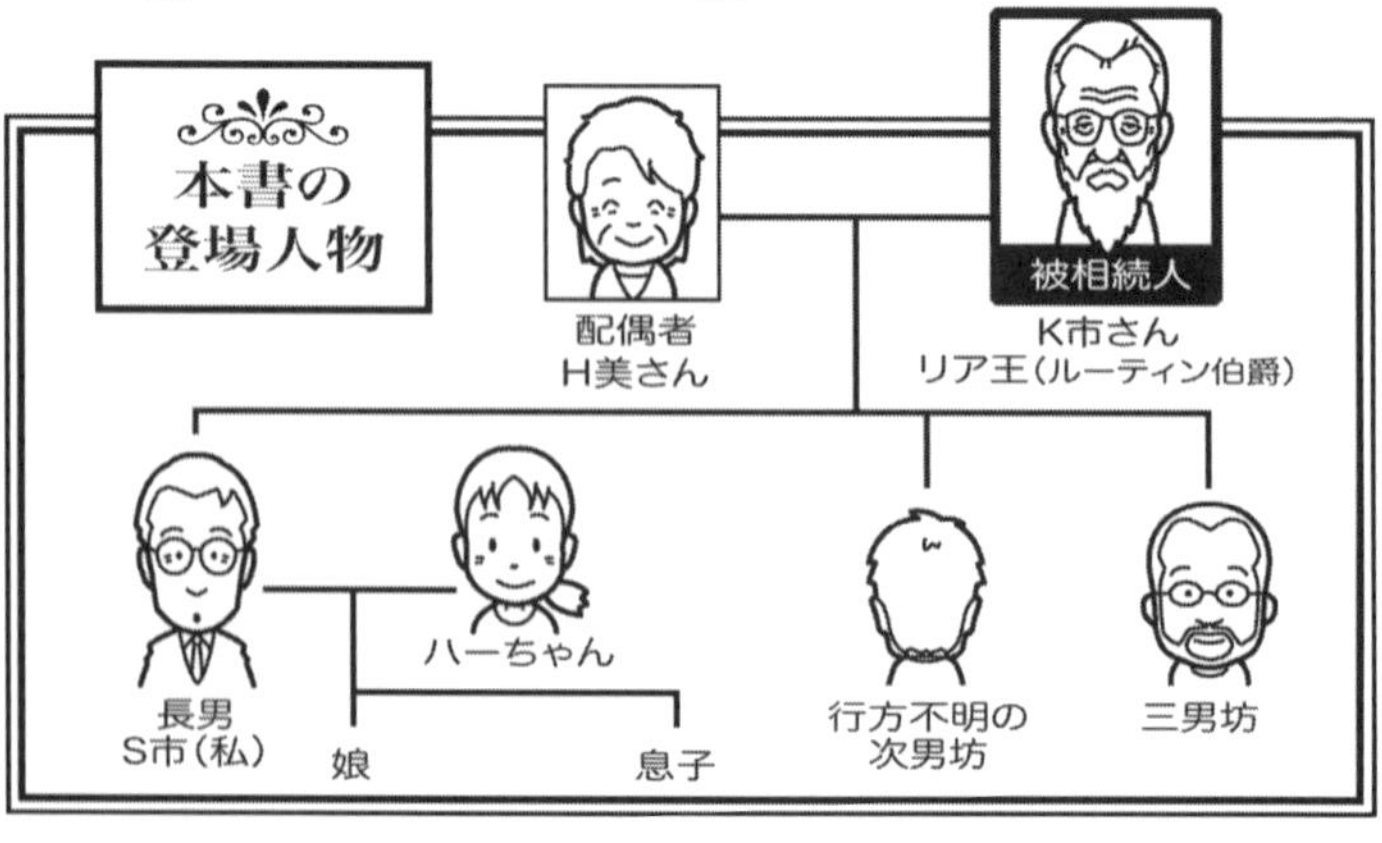
本書の
登場人物
配偶者
H美さん
被相続人
K市さん
リア王（ルーティン伯爵）
長男
S市（私）
ハーちゃん
娘
息子
行方不明の
次男坊
三男坊

【第1幕　日常の風景】

[第1場　ルーティン伯爵]

親父がまだリア王になる前の話からはじめましょう。

周囲にどのように愛され、そして煙たがれていたのか。

『天才柳沢教授の生活』（原作：山下和美）というマンガをご存知でしょうか。先代の松本幸四郎（二代目 松本白鸚）さん主演でテレビドラマにもなった人気マンガです。

「お義父さんにそっくり」

妻にはとても仲のいい妹がいるのですが、2人でよくこのマンガの話をしていました。もちろん親父がそっくりなのは松本幸四郎さんではなく、柳沢教授のほうです。

マンガはひたすら我が道を行く柳沢教授の日常を描いています。〝5時半起床、9時就寝〟に代表される折り目正しい生活サイクル。そしてあらゆる事象を自分独自の身勝手で真っ直ぐな論理(?)で喝破する一徹さ。その明快さゆえに、教授は周囲の人間を無意識に振り回し混乱へと導いていきます。

しかし作者の山下和美さんは彼らの交流と心の機微を、どこまでも温かく見守ります。そしてユーモア豊かに描いていきます。

でも……。マンガとリアルな世界は違います。

振り回される家族や友人・知人、周囲の人はやはり大変なのです。

(山下和美さんの父上が柳沢教授のモデルなのだそうです)

柳沢教授のルーティンは強力です。なんせ、騒がしいディスコにいても夜9時になると眠りに落ちるのですから。

でもウチの親父も負けてはいません。大学教授を辞め、自分の事務所に通っていたときの朝のルーティンをご紹介します。

朝5時半起床。まずは顔を洗い、髭を剃り、髪の毛を梳かして身だしなみを整えます。6時になると次のルーティン作業である朝食。食卓には熱々のご飯、熱々のお味噌汁、生卵、そして新聞が並びます。お味噌汁は冷めるのが嫌いなので必ず蓋付きです。そしておもむろに生卵に醤油をかけるとＮＨＫのニュースを見ながら食べ始めます。

６時きっかりに朝食が出てないともう大変。とても不機嫌になります。あと愛するお袋が横にいないとこれまた大変。「Ｈ美ちゃんはどこ？」と探し始めるのです。

電車の時間も６時34分と決まっています。だから家を出る時間はいつも同じ。多分、駅まで歩く速度もいつも一緒だったんだと思います。同じ車両、同じドア、同じつり革、前に座っている顔ぶれも同じ。そんな感じだったんだと思います。

お袋が入院したとき、妻のハーちゃんが親父の朝のルーティンに参加しました。なんだかとても大変だったみたいです。

「全部ちゃんと６時きっかりに出したの。で、座ったのお義父さん。それなのにハッと立ち上がってパッと洗面所に戻っちゃって。大変だ、髪の毛とかすの忘れたって言って。でもまたすぐ戻って来て何事もなかったように食べ始めたの」

何事も自分が決めたように事が運ばないと気の済まないルーティン親父。事務所からの帰宅は12時45分。夕方に入浴後（カラスの行水）、18時に瓶ビールを一本。そして夕食。就寝は21時。

ちなみに、予定がない限り土日にも事務所に通っていました。

柳沢教授に負けないエピソードをもう一つ。

私と同世代の方には懐かしいマーブルチョコレートのエピソードです。上原ゆかりちゃんのＣＭと鉄腕アトムのシールでお馴染みのあのチョコレートを、親父はこよなく愛し晩年まで食べ続けました。

この商品、そろばん珠の形状のチョコが36個、円筒形の容器に入っています。

親父のルーティンはこんな感じです。

1. 円筒形の容器からチョコすべてをテーブルに出す
2. 色別に分ける（チョコの色は7種類あります）
3. 棒グラフ状にチョコを色別に配置する
4. 自分のルールに従って一つ一つ食べ、その度に配置を換えていく

36は7で割り切れないので、色別のチョコの数は一緒ではありません（あるいはカラーの割合は

決まっていないのかも知れません)。

親父は独自のルールに乗っ取り、ゆっくりと一つ一つ大切に、まるで丸台で組紐を作るようにチョコを食べていきます。家族にはまったく理解できませんでしたが、確かにそこにはルールがありました。

ある日、幼かった息子が(親父にとっては孫)がチョコの棒グラフを手で払って崩してしまいました。でも親父は何事もなかったようにチョコ珠を集めると列を立て直して再開しました。ルーティンは何よりも大切。どんなに邪魔が入ってもやめることはありません。

思えばこの作業はトランプのソリティアのようなゲームだったのかも知れません。PCの付属ゲームでお馴染みのソリティア。すべてのカードを同じマークと順番どおりに並べ直すトランプゲームです。似たようなことをマーブルチョコで遊んでたんじゃないかと今では想像しています。

冗談も同じ感じでした。

親父は普段からよく冗談を言っていましたが、独自の論理で展開するため、相手にはめったに通じません。逆にからかわれてると思って気分を害する人もいたくらいです。もちろん親父には悪気はないのですが……。

何が冗談で、何が冗談でないのか。

いつしか家族は親父の冗談を聞き流すようになりました。

結果、これがボケの発見を遅らせる原因になりました。家族全員、親父がボケたと思わず、またつまんない冗談をいっていると思ったのです。この勘違いがしばらく続きました。

でも家族の中にただ1人、親父の冗談に根気よく付き合った人がいます。我が妻のハーちゃんです。舅と嫁。その姿はまるで夢の中で奇行を繰り広げるドン・キホーテと、その主人を温かく見守り続ける従者サンチョ・パンサそのもの。私はただただ、妻に頭を下げるのみです。

[第2場　趣味は計算]

ゴルフ、テニス、スキー、水泳、音楽・映画鑑賞、美術館巡り、釣り、料理、ファッション、……。

以上、親父とは縁のないものです。

パチンコや競馬・競輪・競艇などのギャンブルも、「胴元が儲かるだけで絶対に損する」と手を出しませんでした。でもなぜか宝くじは年に一回買っていました。あれは運試しのお神籤みたいなものだったんだと思います。

会社勤めのときは、部下を家に呼んでよく麻雀をしました。いつしか牌を握ることもなくなりましたが、部下たちからは慕われて、そして頼られていた印象があります。


基本、親父の趣味は仕事とお袋です。

お袋とは海外によく旅行に行きました。通算140カ国。年賀状には海外旅行での2人の写真を毎年プリントしていました。でも目的は海外に行くことではありません。あくまでお袋と一緒にいるのが目的なのです。その証拠に決して1人で海外に行くことはありませんでした。

数字好きの親父は、旅した国の数をカウントするのが大好きでした。親父は否定しましたが、観光ではなく国の数を増やすのが海外旅行の目的になっていたのは明らかです。

ある日、弟の三男坊が質問しました。

「ソ連やユーゴスラビアが解体して、行った国の数が増えてうれしいでしょ」

親父はニヤリと頷きます。

「じゃ西ドイツと東ドイツが統一したから、行った国の数は減らしたの?」

途端に親父の顔は曇ります。さらに三男坊が意地悪く訊きます。

「国境を渡って10メートル歩いて引き返した国はいくつあるの?」

親父が黙り込んだ。ビンゴ! 図星だ! いいぞ、三男坊!

少し、脱線しました。趣味の話に戻します。

親父の趣味は何かというと——計算です。数字遊びといったほうが正しいかもしれません。

「10時と11時の間で時計の長針と短針が合わさるのは10時何分何秒でしょう?」

親父が小学生の私に出した問題です。今でも解けません。

で、この数字遊びの行き着いた先が税金の計算でした。納税額をいかに少なく導き出すか。そのシミュレーションが大好きでした。朝から晩までそろばん(5つ珠)と電卓を交互にパチパチ。時に計算尺も使っていました。

親父には著作物の印税、講演料、アパート収入などいろいろな種類の収入がありました。必要経費や減価償却。それらをどう取り込んで、あるいはどう組み合わせて計算すれば納税額がより抑えられるか。親父はそのことに熱中したのです。しかもひたすらに。これが親父の趣味となりました。

研究熱心さでは超一流の親父。その上、行動力も並外れています。税金の仕組みがわからなければすぐに税務署にお出まし。疑問点、計算のやり方、そして算出方法そのもののコンセプトを聞きまくります。

「なぜ」「どうして」「その理屈はなに？」「こう計算したほうがベターなのに、どうしてわざわざそんなやり方するの？」

重箱の隅をつつきまくる質問の数々。

ＷｈｙとＨｏｗの洪水に税務署のスタッフもさぞ困惑したことと思います。「もう来ないでください」とはさすがに言えないでしょうが、かなりうっとうしかったことに間違いありません。


税務署とのエピソードを一つ紹介します。

ある日、親父は税務署から呼び出されました。

「何事だ。俺を呼び出すとはふてえ野郎だ。よし、待ってろよ！　目にもの見せてやる。返り討ちにしてくれるわ！」

親父は弾むように出掛けていきました。

税務署から帰ってきた親父は、意気揚々としています。顚末を訊くと得意げに語りはじめました。

税務署に行くと担当者が思案投げ首の様子だったそうです。

「納税額が私どもの計算と微妙に違うのですが……。でも、非常に近いというか、惜しい数字なんですよね。どうやって算出されたんですか」

　間違いだけど近似値。それを税務署のマニュアルを使わずに一体どうやって。不思議がる担当者に親父が算出方法を説明しました。

「なるほどそういうやり方がありますか。素晴らしい考え方ですね。いやあ、税金のプロを唸らせる方法ですよ。なかなか思いつかない」

　親父曰く、担当者は感心しきりだったそうです。満面の笑みでとても誇らしげな親父。上機嫌です。

「でも間違いだったんでしょ。結局は修正したんでしょ。じゃ、ダメじゃん」

　私は突っ込みをいれたい気持ちをどうにか納めて苦笑いです。

　勉強して一生懸命シミュレーションしても、しょせんは自己満足。だって、そもそも納税額に大差がでるほどの収入は得てないのですから。

　親父は税理士さんを使いませんでした。きっと趣味を税理士さんに奪われたくなかったのでしょう。あるいは資格を持つ税理士さんより自分のほうがよっぽどいろいろ工夫しているという自負があったのかもしれません。

「俺はいつでも新しいものを取り入れている。周りはそれに気づいていない」親父の口癖です。確かに専門のエンジニアの技術についてはそうかもしれませんが……。

「家督は譲った。家のことはSちゃんにまかせる」

親父の私に対する口癖です。でもそれは口先だけ。任せるといいながら、内容（実態）は教えてくれません。言葉とは裏腹の行動。そもそも私に家督をまかす訳がないのです。なぜなら税金の計算は趣味。そして生活の大半を占めるルーティン。息子に任せてしまえば、趣味とルーティンが同時になくなってしまうのです。それは親父にとって地獄を意味します。

結果、何も教えてくれないし、させてもくれない。こちらから質問したり問題提起でもしようものなら大変。激怒です。だから私も聞かなくなります。

「常に自分が正しい。だからその通りやってれば間違いはない。これを家督を継ぐ息子に教えたい。でも趣味をなくすのはイヤ。だから教えない」

このジレンマの中に親父はきっといたのです。

家庭菜園もそうでした。

野菜をまったく食べない親父がお袋のために家庭菜園をしていました。

加齢で体力がなくなってきた頃、私に助けを求めてきました。でも私は手伝えませんでした。独自ルールとルーティンが多すぎて訳がわからなかったのです。なので草むしりと芝刈りだけをやりました。

親父のやり方で不思議だったことが一つあります。種の撒き方、苗の植え方です。親父は一気にやってしまいます。確かに作業は効率的ですが、当然一斉に収穫期を迎えます。家族では食べきれない程の量です。なぜ日にちをずらして撒かないのか。そうしたら同じ野菜を相当の期間食べ続けられます。税金にあれほど神経をつかう親父なのに、なぜこんな簡単なことがわからないのだろう。不思議でしょうがありませんでした。でもそれはきっと野菜に興味がなかったということなのですね。大切なのは畑仕事で派生するルーティン。それを維持するためにひたすら作業に励んだ。きっとそういうことだったんだと思います。

こうして私は家の実態を全く把握しないまま、50歳半ばを迎えることとなりました。

＊

余談です。

親父は将棋が好きでした。

これがもの凄く強くて。というか強すぎて逆に趣味になりませんでした。対戦相手が探せないのです（ネット時代になる前の話です）。もちろん家族の中で相手になるものなどいません。

日曜昼間にＮＨＫが放送していた将棋講座が大好きでした。棋士では大山康晴名人と奇才・升田幸三名人。加藤一二三さんが対局のときに鼻を鳴らすと大喜びしていました。あと将棋とは無関係ですが、破天荒な長嶋茂雄さんがメチャクチャ好きでした。それとお相撲が好きでした。

○コラム2　税理士さんのお仕事

税理士とは税務・会計のスペシャリストです。

主な業務としては以下の通りです。

- 税務の代理
- 税務書類の作成
- 税務の相談
- 会計業務

このように、顧客や顧問先の依頼に応じて税務書類を作成し、税務上の指導や助言を行ないコンサルティングまでこなすのが税理士の仕事です。

【第３場　ルーティン伯爵に愛人が……】

昭和が終わろうとしていた１９８０年半ば、親父のルーティンに革命が起こります。愛人の登場です。お袋はこの愛人を快く受け入れ同居させました。

愛人とはワープロのことです。このワープロ、簡単な四則計算ができるすぐれものでした。税金の計算に複雑な関数は必要ありません。足し算・引き算・かけ算・割り算ができれば十分。親父はすっかりワープロに魅了され、夢中になりました。お袋としても自分への強すぎる愛を分散できて、精神的な負担が減ります。３人がｗｉｎ－ｗｉｎ－ｗｉｎの関係になるのです。

こうして、本や雑誌への原稿はもちろん税金の表もすべてワープロで処理するルーティンがはじまりました。

「俺はいつでも新しいものを取り入れている」

有言実行。親父は世間より早くワープロを取り入れました。そしてワープロは親父の頼もしい伴侶となりました。

親父のワープロには2つの入力方法がありました。1つはキーボード入力。もう1つは50音のひらがなが並ぶボードを使っての入力。ボードをペンでタッチして入力する特殊な方式です。新しいもの、先進的なものが好きな親父はペンタッチ入力を選びました。今のスマホでいえば、キーボード入力の代わりにフリック入力とかトグル入力を選択した感じでしょうか。早くて便利。でも時代が進んで技術革新が起こるとひょっとしたら世の中から見捨てられ消滅するかもしれない、そんなリスクのある入力方法でした（それに比べて古典的なキーボードは驚くべき息の長さです）。

親父の探求心は旺盛です。すぐにブラインドタッチとなり（ペンタッチなのに）、ワープロの使用頻度は日々うなぎ上り。メーカーの人より使い方やコツを熟知するようになりました。もしこのワープロに技能検定テストがあればマイスターになったに違いありません。

1992年、69歳のとき。親父は近所のターミナル駅近くに事務所を構えました。翌年に迫った大学教授からの引退に備えてのことです。でも事務所といっても従業員はいません。要は仕事をするための自分だけの空間が欲しかったのです。……と、これは世間向けの理由。本当は親父が朝から晩まで家にいるのに耐えられないお袋が、親父を上手いこと言いくるめて事務所を作らせたのです。引退後の旦那が一日中家にいるのは邪魔なだけ。まあ、どこのご家庭にもよくある話です。私も気をつけないと。

親父のワープロはデスクトップ型です。事務所に毎日持ち運ぶわけにはいきません。そこで同機種のワープロとプリンタをもう一台ずつ購入。こうして自宅と事務所の間をフロッピーディスクを持って行き来する生活が始まりました。愛人1号のクローン、愛人2号の誕生です。

朝、事務所に行っては愛人1号とにらめっこ。午後、昼ご飯を食べた後は愛人2号とにらめっこ。疲れるとリフレッシュのためのルーティンをします。家庭菜園、芝の雑草取り……。そんな生活が10年以上続くことになりました。


ここでなぜかエクセルの話を。

ご存知、世界標準のビジネスソフトです。日本人はこの有名な表計算ソフトを骨の髄まで愛しています。罫線が大好きで、見た目の綺麗さや帳票の体裁を追求する日本人。関数やマクロ機能を駆使して何でもエクセルで美しく仕上げてしまいます。

「エクセルで書類をムダに複雑化する。独特すぎてついていけない」

海外からはそんな評価を受けているようです。

海外では複雑なことをやりたいときには、エクセルから離れて新しいソフトを開発します。それがイノベーションの原動力となりブレイクスルーをもたらすんだそうです。だとするとエクセルのために日本人は新しい技術開発を怠っているのかもしれません。エクセルが企業活動のブレーキ、足枷になって新しい時代に乗り遅れる。これがいわゆるエクセル亡国論です。

実は、親父のワープロにも同じようなことが起こっていました。

1990年代になりパソコンが革新的に進歩します。そして1995年にマイクロソフトがwindows95を発売。ワープロはパソコンソフトの1つに成り下がります。急速に落ち込むワープロ専用機の需要。その頃です、親父のワープロが寿命で壊れたのは。このとき意を決してパソコンに移行すればよかったのかもしれません。が、なにせ親父はワープロ機種のマイスター。ペンタッチ入力の達人です。長年馴染んだものから離れることができませんでした。

実はパソコンへの移行にはそれ以上の問題がありました。親父がワープロで作った数多くのフォーマットがパソコンで使えないことがわかったのです。……トホホ。それは困ります。

親父はメーカーに同じものを頼んで愛人3号を迎えます。そして3号も壊れて愛人4号、5号と……。やがていよいよ新品の在庫がなくなり……。最後はメーカーのお客様相談室に頼み込んで中古品を探してもらいました。

そしてついに親父のルーティンができなくなる日がやってきました。85歳（２００８年）のときでした。もう10年早かったら、キーボード入力に切り替えられていたかもしれません。でももう進取の精神が働きませんでした。

一日中、ワープロに向かっていた親父。その喪失感はどれほどのものか。

使い慣れているものがなくなり、代用品となる新しいものについていけない自分。今まで普通に出来ていたことが突然出来なくなる苛立ちと恐怖。それが老いるということかもしれません。でも……。その背中はなんとも哀しく。

○コラム3　司法書士さんのお仕事

司法書士のメイン業務は、不動産登記と商業登記などの「登記」申請業務です。不動産登記とは、不動産の所在や大きさなどのほか、誰が所有者かといった権利関係を登記記録という公簿に記録するものです。

他方、商業登記は、会社の事業内容や資本金の額、役員など、その会社の重要な事項を登記記録に記録するものです。

以下、司法書士の主な業務です。

・土地や建物の登記に関する業務
・会社や各種法人の登記に関する業務
・成年後見に関する業務
・相続・遺言に関する業務
・債務整理に関する業務
・裁判に関する業務
・その他の業務（供託手続きや不動産の筆界特定手続き、外国人の帰化申請手続きなど）

このように司法書士の業務は多岐にわたっていますが、共通して言えることは「国民の権利を保全する」業務ということです。

【第2幕　ボケ前夜】

[第1場　家と土地について]

崖に囲まれた我が家の話をします。

1960年。東京周辺の街がベッドタウン化し始めた頃、祖母が全財産を使ってK県に土地を購入、家を建てました。私が小学校に入るときです。長閑な郊外に家がポツンポツンと建ち始め、その中を路面電車がのんびりと走っていました。

ターミナル駅の隣の駅とはいえ、電車は1時間に3本か4本。近くの駅は、当時でも相当古い木造の小さな駅舎でした。

その駅から歩いて10分。小高い丘の上に我が家はあります。正確に言えば下って8分、上って15

分。不動産屋さん的には6分の距離です。東京から来た友人はまるで山登りだと言います。でも小さいときから上り下りを繰り返している私にとっては当たり前の坂。確かに年齢を重ねるごとにきつくはなっていますが、ジム代わりと思えばいい運動です。

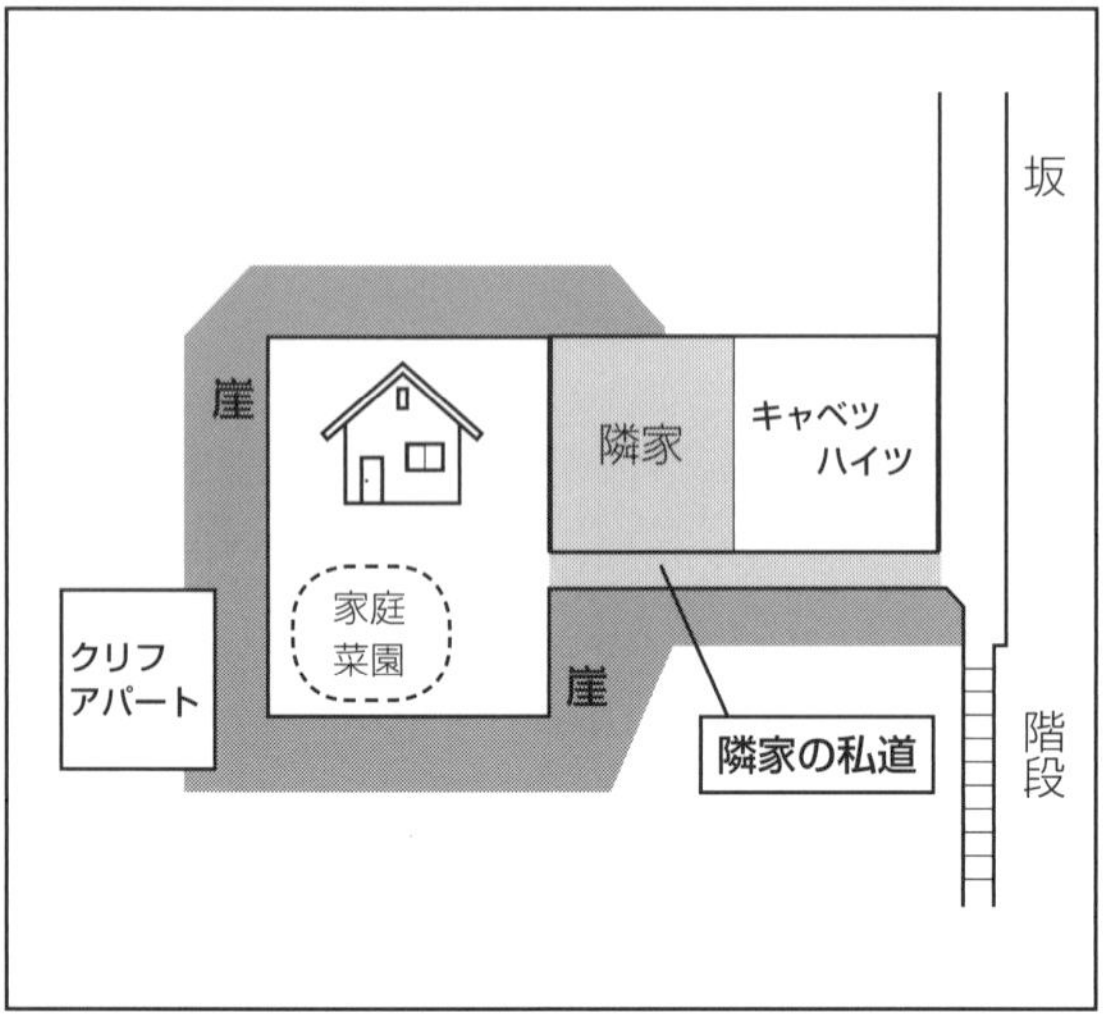

坂を上り切って平坦な道を進むと、今度は下り坂です。車が一台やっと通れる公道の坂がやがて階段に変わります。その手前を曲がり、隣家の細い私道に入った先が我が家です。

3方崖に囲まれた、まるで要塞のような地形。ここまで奥まった所に一体誰が攻めてくるというのでしょうか。

崖の一部には県による崖崩れ防止の工事が入り、急傾斜地域に指定されています。最近頻発している気候変動による局地的集中豪雨がなんとも心配です。

公道に面して我が家の飛び地があります。昔キャベツ畑だったその土地に、45年前、親父はアパートを建てました。崖地の下にも、相続税対策のためアパートを建てています。

我が家は金持ちではありませんが、土地持ちです。

祖母が購入した土地は、確かに家族が住むには広すぎます。買おうかどうか悩む祖母に、広い範囲をまとめて買ってくれなければ売らない、と売主が言ってきたのです。でも当時の土地の値段を考えると、かなりお買い得の物件。祖母は崖地も含めて土地を購入することにしました。

親父は稼いだお金を、愛するお袋と一緒に行く旅行にほぼほぼ使い込みました。夫婦2人で世界140カ国。確かに大変な数字です。日本国内もたくさん旅行をしています。地方で講演があるとお袋と一緒に行き、周辺を回ってくるケースが多かったようです。会社員時代は国鉄のダイヤ表を毎月買って、まるで松本清張さんの小説『点と線』の犯人のように空想で旅をしていました。さすが数字遊びが好きな親父です。

日本を旅した経験からか、初めて会う人にはまず出身地を聞き、そこから話を展開していました。小さな市町村まで熟知しているので大抵の人は驚き、そして喜びます。ただ娘の旦那（親父の孫の旦那）の出身地は知らないらしく、ボケが進行した後は繰り返し出身地を訊かれて、その度に場所の説明を求められるので、彼はとても困っていました。

基本、親父の財産は頭脳です。でもこれは相続できません。遺伝子を受け継がなかった3バカ兄弟は、隔世遺伝を期待するしかありません。あと資産と言えば、若干の現金。受け継ぐ会社もありません。株はバブル前にやめました。こんなに株が上がっていくのはおかしいと全部売ってしまったのです。

相続するためにはまずは資産をあらわにする必要がありますが、大体こんなものでした。

○コラム4　接路・接道

家を建てるとき、好きな場所を自由に選べるわけではありません。建築基準法での制約があるのです。そのひとつが「接道義務」です。都市計画区域内で建物を建てる場合は、原則として「幅員（幅）4m以上の道路に2m以上接した土地でなければならない」というものです。これは、火災や地震などの災害が起きたときの避難経路、そして消防車や救急車など緊急車両の経路の確保が目的でできた制約です。

[第2場　ルーティン伯爵の生前対策]

高齢化時代を迎え、財政に苦しむ国は裕福な高齢層をターゲットに定めました。相続税の基礎控除額を縮小することで、相続税を支払う人の数を増やしたのです。相続の多い少ないにかかわらず、です。

そこで誰しもが相続の正しい知識と対策が必要となりました。遺言書を残してトラブルを回避すること、財産を贈与して相続税の負担を軽減することなど生前対策の重要性が高まったのです。

これから、親父のやっていた生前対策と遺言書のお話をします。

遺言書は、ボケる前の78歳（２００１年）のとき公証役場で作成しました。私は中身を知れる立場にありませんでしたが、親父がボケたあとお袋から聞いた話では、行方不明の次男坊が生きているという前提の内容だということでした。これが厄介の種となりました。その話はまたのちほど。

まずは自宅の土地のことからお話しします。

親父が事務所を構えた1992年（69歳の時）、初めて土地（自宅の一部）を私に贈与しました。その年の贈与は親父の土地の持分の119分の＊。なんとも半端な数字です。これは得意の計算で土地の評価価格と広さから贈与税がぎりぎりかからない割合を算出したものです。ちなみに翌年の割合は456分の＊。もっと半端な数字になっています。

この方法には多少のリスクがあるようですが、当時（1992年）の最小の税金で済むよう工夫すると、この割合になったのだと思います。

ここで疑問が浮かびます。現金を渡せばすむことなのに、なぜこんな面倒くさいことをしたのでしょう。私の推論は2つ。

1つは、手持ちの現金の問題です。現金をお袋との旅行に使ってしまい、節税対策用のお金がなかった。もう1つは、バブル後の社会情勢です。当時、土地の値段は将来上昇すると考えられていました。なので、値段が上がる前に贈与したほうが得だと考えた。

いずれにしろ、毎年「土地での贈与を行なう」ことが、親父のルーティンに追加されました。作業は2つ。「1．贈与に関する書類を作って税務署に提出する（最低限の贈与税を払い贈与した証拠を残す）」「2．法務局に行って、土地の登記の名義変更をする」です。税金は税理士さん、登記は司法書士さんに頼めばいいのですが、ルーティン親父は自分でやります。確かに法務局に行って自分で登記すれば司法書士さんの費用は掛かりません。でも登記費用そのものはいずれにしろかかるのでそれほど得する訳ではありません。自己満足の作業。私にはそう思えるのですが、口は挟みません。怒られるのが目に見えてますので。

でも土地が一部でも私名義になって相続税の対象から外れたことは、生前対策になったと感謝しています。

また親父は生前対策として借金をつくることにしました。

と言っても、ただ借入金を作っただけでは相続対策にはなりません。借りたお金で不動産を購入するのです。買った不動産の相続の評価は、購入した価格よりも低く算出されます。そのため、借入金と不動産の相続評価に差が生じます。この差分が全体の財産額を引き下げ、結果的に相続対策となるのです。

親父の場合は、1996年頃から崖の下のわずかなスペースを使ってアパートを建てました。崖をいじくるためにコストもかかりましたが、当時の都市銀行、今でいうメガバンクが融資をしてくれました。こうして親父は結構な借金を作りました（以下、クリフ・アパートと呼びます）。

○コラム5　生前対策

■死後の事務手続きの煩雑さを軽減しておく

◇相続人の明確化

◇動産財産の明確化

◇不動産の明確化と名義の確認

■節税対策（相続財産をいかに減らすか）

◇生前贈与の実施

◇土地の評価価格の低下による節税

◇借入金による節税

■争続対策（仲良く相続できるように）

◇遺言書の作成

◇情報の開示と明確化

■納税対策（相続税の支払い準備）
◇財産を相続人で分けられるようにしておく
◇納税資金の準備

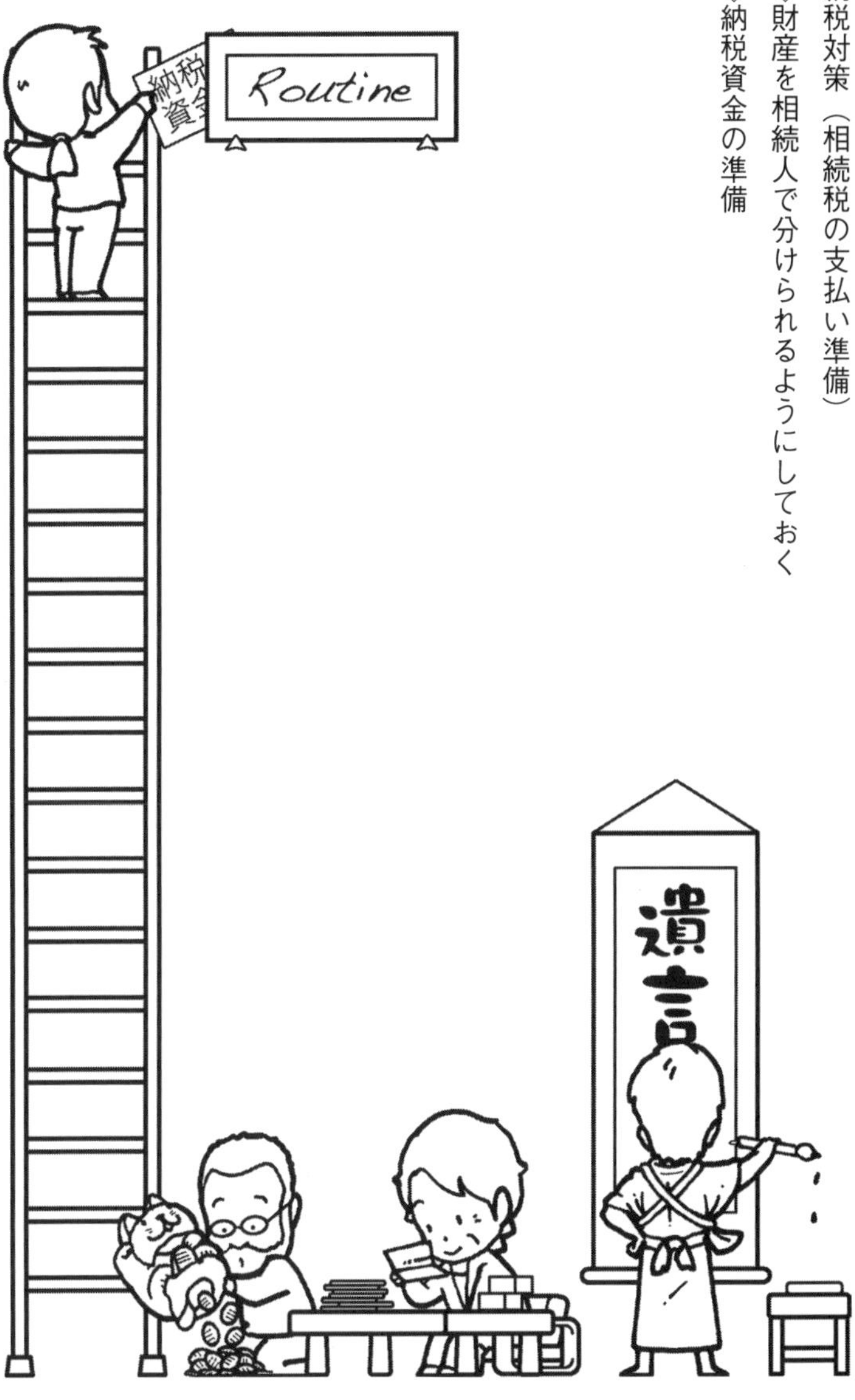

[第3場　霧がかかりはじめる]

事務所のワープロが壊れたことが引き金となり、ボケがゆっくりと忍び寄ってきました。ワープロが壊れた時機は定かではありませんが、２００９年4月に親父（86歳）がパソコン教室に通った記録があるので、その頃のことです。今思えば、80歳半ばの爺さんがよくも毎日ワープロ作業をやっていたものです。

目に見える大きな変化は、事務所に行かなくなったこと。当然と言えば当然です。ワープロがなければ、事務所ですることがないのですから。でも幸いに、家のワープロはまだ使えていました。なので、5時半起床、6時朝食のルーティンはそのまま。駅に向かう代わりに、リビングでワープロに向かいます。愛するお袋のそばにずっといることになった親父は、それはそれで。でも一日中親父に付き合うお袋のストレスは、半端なく溜まっていきました。

「いずれワープロは壊れるから、それに備えなさい」

お袋は一計を案じ、親父にパソコン教室に行くことを勧めました。

キーボードアレルギーの親父は困惑。しぶしぶ通うことを納得したものの、いざとなると赤ちゃん返りです。パソコン教室の時間になると、行きたくないと駄々をこねてワープロの前に突っ伏します。その姿はとても大人とは思えませんでした。

親父とお袋のどちらのストレスが強いかの勝負。

でも勝負は見えています。なにせお袋は強力な親父キラーなのですから。

お袋は親父を無理やり車に乗せ、パソコン教室まで送っていきます。運転は我が妻・ハーちゃんです。授業が終わるまで主婦2人はスーパーでお買い物。そして憮然と教室を出てくる親父を笑顔で出迎えます。

「あの教室はなにも教えてくれない」

プライド高き親父の言葉です。そのストレスは相当なものです。

そして観念する日がついにやって来ました。家のワープロも壊れたのです。20年以上にわたって馴れ親しんだ日常のパートナーを喪失。万事休すです。窮地に立たされた親父は、パソコンの購入を決意。こうして親父の本格的なパソコンとの闘いが始まりました。

「パソコンの復習をやらなきゃダメでしょ」

家にいる親父に、お袋がそうけしかけるようになりました。お袋としては、早くパソコンに親父の愛人になってもらって、親父の愛から解放されたいのです。でも親父はパソコンを愛することは決してありませんでした。実は、電源の入れ方すらわからなかったのです。あのエンジニアとして気位の高い親父がです。おそらく家と教室のパソコンはメーカーが違っていて、電源スイッチの位置も違っていたのだと思います。

困り果てた親父。私に教えてくれと言うのがよほど癪だったのでしょう。当時高校生だった孫に家庭教師を頼みます。でも息子が教えたのはパソコンの立ち上げまで。キーボードの操作やワードの使い方までには至りませんでした。パソコンの立ち上げだけで親父は疲労困憊。音を上げてしまうのです。

息子は呼ばれるたびに、根気強く同じことを繰り返し教えていました。でもそのうち親父は息子に「わかるように教えろ」と怒鳴るようになりました。何回も怒鳴られた息子は、ついに親父を見放します。無理もないことです。86歳の人がパソコンを覚えることも、86歳の人にパソコンを教えることも、両方とも酷なことなのです。

親父は数回通っただけで教室もやめてしまいます。さすがのお袋も親父の憔悴し切った様子に同情です。

こうして新品のパソコンとレーザープリンタは主人を失いました。勿体ないので、私が自分の部屋で使おうと思い運び出そうとしたとき、親父とお袋が烈火の如く怒りはじめました。

「使うんだから、持って行くな！」

2人の口調は見事に揃い、仲良しこよしです。

う〜む。


家は二世帯住宅です。

でも、親父が私たち夫婦の居住スペースに来ることはめったにありませんでした。しかし、パソコンと本格的に向かい合うようになってから、親父は嫁のハーちゃんに会いに、頻繁に来るようになりました。

「よわったな。よわったな。よわったよ」とため息をつく親父。ハーちゃんが「お父さん大丈夫ですか」と声をかけます。と、親父は突然脈絡もなく「Sちゃんは会社に行ってどうにかなってるのか」と訊きます。ハーちゃんが「ちゃんとやってますよ」と答えると、「そうか、そうか」と頷いて、自分の居住スペースに帰っていきます。でも、帰ったとは思っては、親父はまた数十分後に戻ってきます。そして同じ会話。朝から晩まで何回もこの繰り返し。それが毎日……。新しいルーティンの誕生です。

親父が帰るときは、いつも同じやり取りになったそうです。

「俺がなにが一番幸せか知ってるか」

「H美ちゃんと結婚したことですか？」

「そう。そう。H美ちゃんがいるっていうこと」

「よかったですね」

「うん」

うれしそうな笑顔の親父。まさしく、ドン・キホーテとサンチョ・パンサです。


ここでアパートの話を少し。

昔キャベツ畑だった我が家の飛び地に、親父が45年前にアパートを建てた話を覚えていらっしゃるでしょうか（40頁の図参照）。最初に建てたときは社員寮でしたが、社員寮のニーズがなくなっていく中、30年ほど前にアパートにリノベーション。その後、隣に2棟アパートを建てました（以下、キャベツ・ハイツと呼びます）。

キャベツ・ハイツの実務はお袋がみていました。親父は収入と経費をチェック、そして税金の計算だけです。アパート経営の初期、お袋は不動産屋さんに入居者の募集だけをお願い。その後の対応はすべて自分でやり、管理や営繕も一生懸命きちんとこなしました。後に不動産屋さんと管理委託契約を結びましたが、真面目で積極的に仕事に取り組む姿勢は変わりませんでした。

ところが、ある時機からキャベツ・ハイツは荒れていきます。共同廊下の電球が切れても放置されたまま。手すりには錆が浮かび、やがて壁のペンキが剝げ落ちて……。時間をかけてゆっくりと荒《すさ》んでいきました。それとともに空き部屋も増えていきました。

キャベツ・ハイツが荒れ始めたのは、親父がワープロが使えなくなった頃からでしょうか。親父の気力が落ちるのに合わせて、お袋の気力も落ちていったようです。面倒くさい。もはや空室が出ても新しい住人を積極的に探す気はありません。

2012年末の段階でA棟・B棟の入居率は2割ほど。C棟に至っては入居者ゼロ。全く稼働していないC棟は建物自体が廃墟状態です。

お袋がボケ始めたのを察知した不動産屋は、妻のハーちゃんにこう言いました。

「最近お母さんから何度も電話がかかってくるんです。それが全部まったく同じ内容で。そろそろ世代代わりしてお嫁さんが仕切られたほうがいいんじゃないですか」

○コラム6　借金があると、なぜいいのか（相続税を減額させる技）

借金をすれば相続税が安くなるかというと、1億円の借金をしても手元には1億円があるわけで、結果的には±0となり相続税は安くなりません。

しかし、1億円の現金で土地・建物・マンションなどを購入すると1億円で購入した土地・建物・マンションなどの評価価格が1億円にならないためその差額分が相続財産を目減りさせます。でも、物件自体を売却すれば市場価格の1億円の価値はあるわけで、決して損をしているわけではありません。

相続の対象はプラスの財産だけではありません。借金もれっきとした相続財産です。未払いの所得税や固定資産税などの税金、未払いのアパート・マンションなどの管理費、連帯保証人も相続の対象となります。

マイナスの財産すなわち借金を相続しないためには、相続が開始したことを知った時（あなた自身が相続人となったことを知った時）から3カ月以内に家庭裁判所に相続放棄の申述をする必要があります。

申告期間は相続税の10カ月に対し、3カ月。非常に短い期間です。

※コラム8を参照してください

［第４場　判子23個］

両親の脳の力が衰えてきたのは、私が50代半ば。会社員として忙しい日々を送っていた時機です。2人の微妙な変化は感じていたものの、両親のことは妻まかせ。正直、なおざりにしていました。両親の衰えを見抜いた妻が、そろそろ次男坊の行方不明を整理しとかないと大変なことになるんじゃないかと言いだしたのはその頃です。

彼女は自分の大叔母（母方のおじいちゃんの妹）の話をしました。

大叔母が亡くなったとき、預金や保険の手続きをするために親戚23人の判子が必要になったというのです。遺産分割協議書にすべての判子がないと手続きが進まなくなる可能性があったんだと。大叔母さんには子どもがいません。そして彼女の兄妹はみんな亡くなっています。で、誰の判子が必要かというと、大叔母の兄妹の子どもたち、つまり妻の母親の従兄妹たちの判子です。これが全員で23人いたのです。

この23人の判子を遺産分割協議書に押してもらうため、妻の母と叔母が奔走します。まずは疎遠になっている人の動向調査から。で、現住所がわかったら訪ねていってサインと判子をもらいます。

相当遠い所まで出掛けていったようです。で、困ったのは23人の中に養女の方が1人いて、その方がなかなか見つからず。……いやはや大変な作業。苦労の結果、やっと23人の判子が揃い事なきを得ました。でも、その23人の内、もし1人でも行方がわからなかったり、協議書に同意しない人が出たら……。

だから、行方不明の次男坊の件は今のうちに何らかの手を打たなければいけない。でないと、どうにもならない状況に追い込まれてしまう。妻はそう懸念したのです。

もっともな心配です。ですが管理職でバリバリ働いていた当時の私は、頭の中は仕事で一杯。思わず妻の進言に苛ついてしまいます。そしてつい不用意な一言を発します。

「俺の家のことに口出しするな」

大喧嘩です。離婚にまで発展しそうな勢いとなり……。

私は妻になんてひどいことを言ってしまったのでしょう。煩わしいことに取り組むのが難しい状況にあったのは確かです。ですが、そんなことは理由になりません。言い訳できません。猛省です。この場をお借りして、改めてお詫び申し上げます。本当にごめんなさい。

当たり前のことですが、人は誰も自分がボケていることを認めたくありません。親父もそうでした。ボケの診断に行こうというものなら怒鳴り散らします。唯一親父を説得できるお袋も、診断を拒絶。こうなるともうお手上げです。でも、現実には2人が困ったことをしているわけでもなんでもありません。となると、しばらくそのまま様子見ということになります。……と言えば聞こえがいいですが、……要は放っぽってしまったのです。

【第3幕　忍び寄る悪魔】

[第1場　ポーチ盗まれた事件]

２０１０年2月、親父87歳、お袋79歳のある朝、その騒動は起きました。

早朝の5時に、大事なものをしまったポーチがないとお袋が騒ぎ出したのです。いつも枕元に置いているのにどこを探してもない、といいます。我々夫婦も一緒になって懸命に捜索。が、見つかりません。するとお袋が、「きっと泥棒が入ったのよ」と騒ぎ出しました。その様子はちょっと尋常ではありません。でも私から見ると泥棒が入った形跡はないし……。気付いたら、お袋は警察に電話をしていました。わぉ！　ケ、ケイサツ⁉

早朝にもかかわらず、お巡りさんは来てくれました。で、お袋から事情聴取をするのですが、要領を得ない様子。それはそうです。家の鍵は玄関をはじめすべてかかっているのですから。お袋の様子を注意深く観察したお巡りさんは、妻に質問しました。

「お母さん、認知症が入っていませんか?」

妻は否定しました。でもお巡りさんの疑いは解けません。

結局、泥棒は見つかりませんでした。

この騒動、家の鍵を交換することでお袋に納得してもらい決着しました。今思えば、認知症の典型的な「物盗られ妄想」です。認知症初期の女性に出現頻度が高い症状だそうです。何でも言いやすい身近な人——特にお嫁さんや娘さんが犯人と疑われるケースが多いそうです。だからお袋が「泥棒が盗んだ」と言ってくれたのは不幸中の幸いというか。もしお袋が身内を疑っていたら、家の中は相当ギクシャクして大変なことになっていたと思います。そうならなかったのは、それだけ嫁のハーちゃんが信用されてる証しなのだと思います。

その後も何回か泥棒騒動はありましたが、たいていはベッドの下から見つかっています(警察沙汰にはならずにすんでいます)。

2~3年後。ハーちゃんが、最初になくなったポーチをお袋が持っているのに気付きました。今でもそのポーチは大切にお袋の枕元に置かれています。ちなみにポーチの中身は、ギュウギュウ詰めのティッシュペーパーでした。

我々夫婦はお袋がボケていると思っていませんでした。親父に気をとられて気付かなかったのか。それとも、あまりにも鈍感だったのか。でもきっと、気付かない振りをしていたのだと思います。ボケているという事実を認めたくなかったのです。

そんな私たちを見て、当時大学生だった娘はよくこう言ってました。

「おじいちゃんとおばあちゃんはボケてる。お父さんとお母さんがわからないのは絶対おかしい」

○コラム7「物盗られ妄想」

認知症で起きやすい被害妄想の一つに「物盗られ妄想」があります。大事な物（多くは財布や現金、貯金通帳や宝石類など財産に関連するもの）を盗まれたと訴える症状です。

日本では特に女性に出現頻度が高い症状で、身のまわりのことは自分で行なうことができる認知症初期の人によく見られます。

困ったことに、介護者（お嫁さん、娘さん、ヘルパーさん、施設の職員さん）を犯人と疑う傾向があり、介護の現場に混乱・困惑をもたらしています。

妄想は病気による思い込み。本人は「自分は間違っていない」と思っていますので、冷静な対応と余裕を持った態度が求められます。

[第2場　確定申告ができなくなる]

一方、親父はというと。

2010年2月の「ポーチ盗まれた事件」の頃、親父は3月15日の確定申告の締切り日を目指し、計算に精を出していました。

毎年正月が明けると出版社や講演関係者からは源泉徴収票、不動産屋からはアパートの稼働実績票が届けられます。ルーティン親父にとっては楽しい楽しい税金の季節の始まりです。

しかし、この年は様相が異なりました。

親父は「書類が届かない」と各会社に催促の電話ばかりしているのです。後でわかったことですが、書類が届いているにもかかわらず届いていないと言い張り、何度も同じものを提出させていたのです。

そして決定的な事件が起こります。

「3月15日の提出締切日までに確定申告の書類が用意できない」

そう親父が言い出したのです。

まさか？　そんなバカな?!　あの親父が？　です。

そこで私の出番となりました。でも……。手伝いたいのは山々なのですが、どこをどうしたらいいのか。親父の独自ルールで彩られた数字の山を目の前に茫然自失です。親父を見ると、なるようにしかならないと思っているのか、薄ら笑い。やむを得ず、あとで修正申告することにして、ほぼ白紙で提出することにしました。


しかしその後も作業は一向に進みません。

このままでは埒が明かないと、税務署に行って職員さんに相談に乗ってもらいながら修正申告をすることにしました。しかしいざとなると肝心の親父の足は重く、お袋も気乗りしない様子。そこで業を煮やしたハーちゃんが毅然とした行動に出ます。必要と思われる書類をキャリーバックに詰め込むと、冷たい雨が降る中2人を税務署に連れ出したのです。

税務署のスタッフはすごく丁寧に応対してくれたそうです。一緒になって、昨年の確定申告の控えを参考に一項目ずつ必要な書類を探していきます。書類が足りないことがわかると、ハーちゃんは家にいる息子に電話。息子は大きなバックに書類を詰めてみんなが待つ税務署に向かいます。家族総出の大騒動です。

結局作業は朝から夕方までかかりました。係りの人が手伝ってくれたおかげで何とか提出にこぎつけることができました。感謝です。

幸いだったのは、アパートの屋根の修繕費が数百万円あったことです。大きな必要経費となるので収支が赤になり、細かい部分が不明でもどうにか体裁を整えることができました。

親父はというと、税務署内を杖を突いてこっちをぶらぶら、あっちをぶらぶら。税務署のスタッフに一方的に何かを話しかけてはご満悦の様子。まるで和製チャップリン。暢気なもんです。一方、ハーちゃんとお袋は眉間にしわ寄せ悪戦苦闘。なんともはや。

実はこの確定申告事件の直前に、もう一つ別の事件が勃発していました。

「父が警察に保護されたので、お義兄さん一緒に迎えに行ってくれませんか」

義父母と暮らしている義妹（ハーちゃんの妹）からの電話です。

当時96歳の義父は心身ともに元気。無料交通パスを使って出かけるのが日課でした。96歳のおじいさんがゆっくりと歩いていると、足下が覚束ないのを心配して親切に声をかけてくれる人がいます。中には徘徊と勘違いして交番に連れて行ってくれる人も出てきて……。となると、交番のお巡りさんも問題はないとわかりつつ、一応保護せざるを得ません。

義妹はイライラ。その横で義父は照れ臭そうにニコニコ。

数年後に自分の親父が交番に保護されるとは、このときはまだ微塵も思っていませんでした。

＊

この年の11月。18年使っていた親父の事務所を閉じることにしました。

朝の9時過ぎまで起きなくなるなど、両親の生活リズムが徐々に変化したのを見てみんなで決めました。

引っ越しで困ったことは、大量の資料です。親父は資料をすべて家に持って帰ると言い張ります。

でも、持ち帰ったところで資料を見ないのは明らか。どうにかなだめて、半分以上の資料を破棄。

でも段ボール5箱ほどは家に持って帰ることになりました。

結果、予想通りというか、今でもそれらの箱は一度も開けられることなく、家の中にオブジェとして存在しています。

[第3場　右目失明、そして……]

２０１１年、３月11日。東日本大震災が起こります。

娘が被災しました。当時娘は宮城県にある水産関係施設に勤めていました。私は自分の会社にいて、テレビで東北の惨状を知りました。もう気が動顛してしまい、何が何だか……。三男坊の弟は、街頭テレビで仙台空港が津波にのまれる映像を見て、ああ姪っ子は死んだな、と思ったそうです。

娘は幸いにもケガもなく無事でした。で、水産施設で避難生活をはじめました。水槽には研究用の魚が一杯。でも、ポンプを回す電気はありません。魚が死んでしまうことは明白でした。それならば新鮮なうちに皆で食べましょうと、食糧を確保するための所長の一声。そんな感じでなんとか大変な状況を乗り切ったようです。

さて、親父です。

地震のとき、88歳の親父は家の近くの駅にいました。でも地震があったことには気付かなかったと言います。あれだけ大きな揺れ。気付かない訳がありません。多分、家に帰ってくるまでに忘れてしまったのだと思います。数分前、数時間前のことを忘れるほど、認知症はすすんでいたのです。

地震の2カ月後、親父は目の手術を受けます。

加齢黄斑変性という病気でした。これは加齢で黄斑（網膜の中心部）に障害が生じ、見ようとするところが見えにくくなる病気です。手術の結果、残念ながら右目を失明しました。さすがに畑仕事はできなくなりました。

任せられた私は、戸惑いながらもキュウリ、トマト、なすなどの苗を植え、収穫を待ちます。目や体が不自由でも口は達者な親父。これがまあ、うるさい。やれ苗の数が少ない、やれここに空いてるスペースがあるのに何故植えない。言葉の嵐です。あげくには、勝手にいろんな種や苗をどんどん買ってくる始末。……まったくもう、という感じです。

でも親父のすごいところは、手術の2か月後に講演をしていることです。生活ではボケてても自分の仕事の内容だけは忘れていなかったということなのでしょうか。何とも驚きです。でも、これが親父の最後の講演となりました。

両親の脳の状況変化で、私は急に相続のことが心配になってきました。

もし相続税の金額が多かったら、家や土地を手放さないと支払えなくなるのではないか。そんな懸念が頭をよぎります。

「一体いくら相続税がかかるのだろうか」

思えば私がこの家で暮らして半世紀。死ぬまでずっとここで住み続けるものだと何も疑わずに過ごしてきました。でも、ひょっとしたら……。

このとき私は56歳。翌年は役職定年、そしてあと4年で定年になります。退職したらどうするのか。自分が今後どうやって暮らし、そしてどう生きていくのか。自分に問いかけてみました。そして気付きました。忙しさにかまけて、セカンドライフの絵図をまったく描いていない自分に。

やばい！　今考えないと手遅れになる。ではまずなにから手をつける。いろいろ整理しないといけないのはわかるけど、一体何から……。ああ、そうか、……私の場合は相続のことをクリアしないと、その後のことを考えるベースが作れないんだ。……愕然とする結論でした。

ここから私の本格的な相続対策がスタートしました。

【第4幕　ハムレットの深き悩み】

[第1場　ハムレット、始動]

相続でやるべき対策が大きく2つある、と私は考えています。

1つは、事務手続きの煩雑さをいかに回避しておくか。これをしておかないと亡くなった後、大変なことになります。妻が指摘してくれたように、我が家の場合は何といっても次男坊のことでした。これに関しては後ほど詳しく書きます。

そしてもう1つは、相続税の絶対額をどう抑えるか。これは言い換えると故人（被相続人）の財産をいかに守るかということです。

相続争いなどスキャンダラスなことについ目が行きがちですが、実際には〝いかに財産を守るか〟が大切なのです。要は節税対策です。なにせ「相続が三代続くと財産はなくなる」と言われているように、財産は相続によって目減りしていくものなのですから。

〝相続の絶対額を抑える〟ためには、まず相続する全財産の把握から始めなければなりません。ところが、我が家の場合、崖地という特殊なケースのため、想定される財産の金額を算出するのが難しい状況でした。

今では相続に関するさまざまな情報がテレビ、雑誌、ネットに踊っています。セミナーも一杯あります。しかし、当時は相続税に関する情報はあまりありませんでした。当時最も勧められた相続税対策は、タワーマンションの購入です。

「今持っている土地を売って、駅前のタワーマンションの上層階を買いなさい。それが一番の相続税対策です」

タワーマンションを購入すると有利なのは、部屋数が多いので1件当たりの土地の持分が小さくなるなど、さまざまな要因で評価価格が安くなるからです。現在でもこの手法を使っている人はいるのではないでしょうか。

余っている土地にアパートを立てて相続を減らすという手法もありました。今ほど大々的ではなかったですが、家賃収入30年保証などというキーワードも存在していました。

私がとった最初の行動は、税理士さん探しでした。

税理士さんに、相続財産の出し方や生前対策を教えてもらおうと考えたのです。

まずは高校時代のクラスメートに電話をしました。彼が税理士をやっていたことを思い出したのです。

「俺、悪いけど相続に詳しくないんだ。それと俺、知り合いからの依頼はやらないって決めてんだ。だって仕事で関わると関係性が壊れちゃうだろ。悪いな。でも、ひとつだけアドバイスするよ。絶対に相続に強い先生を探さないとダメだからな」

早くも振り出しに戻りました。

でも、税理士さん選びが大切なことが改めてわかりました。さて、どうしよう。何の当てもなく、誰の伝手もなく……。せめてとっかかりでもあれば。

で、私が〝とっかかり〟として選んだのは司法書士さんでした。私が買ったアパートの登記をしていただいた先生です。

相談の手土産といっては何ですが、親父の遺言書を作ることにしました。

親父がボケる前（2001年、78歳）、公証役場で遺言書を作成した話は前に書きました。しかしこの遺言書は行方不明の次男坊が生きていることが前提。遺言を実行するためには次男坊のサインと判子が必要です。でも30年以上探してもみつからない次男坊を探し出し、遺産分割協議書に判子をもらうことなど明らかに不可能な話です（原則として相続を知った翌日から10カ月以内に相続税の申告をしないと加算税や延滞税などが発生します）。

「遺言書が2通存在した場合、作成した日付が新しいものが有効となる」

当時そんな情報をどこかで聞いていたので、親父に新しく遺言書を作ってもらおうと考えたわけです。

でも親父を説得するのが、まあ大変。

親父はよく次男坊の話をします。しかし、こと失踪の話に及ぶと途端に不機嫌になります。まして我が家では相続の話題はタブーでした。

「そんな話するなよー。さびしいじゃないかよー」

と、一刀両断され、話が前に進まないのです。

でも、ここは親父にしっかりと向き合ってもらわないと困ります。となると、親父キラーのお袋の出番です。で、私は2段階作戦を立てました。といっても、まずはお袋を説得しその上でお袋から親父を説得してもらうという、とてもシンプルな作戦ですけれども。

少し時間はかかりましたが、ミッションはどうにか成功しました。

さっそく、三男坊と文面を相談してワープロを打ち、親父にサインをもらいました。で、その新しい遺言書をもって司法書士さんを訪ねると、想定外のお言葉が返ってきました。

「これは遺言書じゃありませんね。単なるメモですね」

戸惑う私に、次の言葉が襲いかかります。

「ワープロで書いたものは遺言書として認められないんですよ」

え⁉　そうなんですか？

ショックです。自筆ではない遺言書が無効だなんて初めて知りました。ということは、自分で長い文章を書くことができない親父はもう遺言書を更新できないということです。つまり次男坊が生存前提である公証役場で作った遺言書が効力を持ち続けるということになります。

ハァ、どうしよう！　やはり、素人の浅知恵などまったく役に立たないのだ！

そこで、懸命に調べまくりました。

法定相続人と連絡が取れない場合は、相続は次のような段取りになるようです。

1．原則として死んだ日の翌日から10カ月以内に相続税の支払い申告をする。
2．遺言が明確の場合は別だが、一般的には不在者財産管理人を立てて遺産分割協議を行なう。
3．遺産協議を行なうといなくなった人に相続財産が行くことになる。その後は失踪届で死亡とみなしてもらい、いなくなった人の財産の相続をやる。

時間と手間はかかるけれど、できなくはないということでしょうか。

うーむ。

やっぱり、次男坊の死亡届を出すしかないか。でもどうやって両親に納得してもらおうか。

※現在は民法が改正され、自筆証書遺言の財産目録については自筆ではなくワープロやパソコンでの作成が認められています。但し、本人の自筆の署名と捺印は必要です。

○コラム8 相続税の絶対額をどう抑えるか（被相続人［故人］の財産をいかに守るか）

——大切なのは、財産を減らすことです。

無駄遣いして財産を減らしては元も子もありませんが、無駄遣いをせずに財産を減らす方法を2つご紹介します。

1つ目は贈与する方法です。一般的には1年間に一人110万円までは贈与税がかかりません。そのため、110万円を贈与していく方法です。

これは、誰に贈与しても当事者間で合意ができていれば問題がない方法です。たとえ赤の他人でも、です。ただし、相続人に対して行なわれた贈与については、相続する時に3年前まで遡って贈与税の対象とされるのでご注意を。

2つ目はコラム6で書いたように借金をして土地・建物・マンションなどを購入し評価価格を下げることです。相続評価を押し下げるということではタワーマンションの購入がより効果的ですが、タワーマンションを賃貸する目的などで購入した場合、その採算を見極めることが大切です。また、あとで換金する際の「値上がり、値下がり」の見極めもとても重要なことです。ほかにも更地に借金をして家などを建てるのも効果的だと言われています。

いずれにしろ、税理士の先生に相談することをお勧めします。

［第2場　ハムレット、第1の税理士さんと会う］

結局、司法書士さんからは税理士さんを紹介してもらうというメインの目的は達成できませんでした。

で、次に訪ねたのは、親父が長年お付き合いしているメガバンクの支店です。お袋とハーちゃんはこの支店の貸金庫を利用しているので顔馴染みです。話はトントン拍子に進み、ラッキーなことに副支店長さんから税理士さんをご紹介していただけることになりました。久々のクリーンヒットです。

この時の私が、税理士さんにお訊きしたかった質問を箇条書きにするとこんな感じです。

1. 今相続を行なったら相続税がいくらになるのか
2. 相続税をどのように安くしていくか
3. 弁護士さんを紹介していただけないか（次男坊の件で）

税理士さんに初めてお会いしたとき、さっそくお訊きしました。

まず一つ目について。

税理士さんに親父の借金と資産の状況をお伝えしました。借金はアパートを建てたときのローンの残り。資産はほとんどが土地で、あとは現金が若干ある程度。

ここで、税理士さんから思わぬ発言をもらいました。

「各々の土地・建物がいくらで売れるのか教えてください。それがないと評価できません」

あれ？　それがわかれば私でも相続税を概算できるんじゃないの？　土地の特殊性（崖地や接道がないことなど）とか、いろいろ勘案するんじゃないの？　……大丈夫かな、この先生。

と、そのとき友達の言葉が頭によみがえります。

「絶対に相続に強い先生を探さないとダメだからな」

うーむ。

でもまあ、いずれにしろ土地の値段を調べよう。それがわからなければ何もはじまらないんだし……。

ということで、当時お付き合いしていた不動産屋さんに頭を下げて、それぞれの土地の売買金額を出してもらいました。

で、税理士さんにご報告するとき、ちょっと質問してみました。

「失礼ですが、先生は相続事案を取り扱ったご経験はございますか？」

すると2〜3回程度、というお答え。やはりそうか。友達の言葉は正しい。この方では我が家のニーズにはこたえられない。で、即決断です。その場で丁重にお断りして、別の税理士さんを探すことにしました。


でもありがたいことに、3つ目の案件はクリアできました。弁護士の先生を紹介していただけたのです。まずは一つ前進。でも、正直気が重かったです。また親父とお袋の説得作業がはじまるのです。

○コラム9　被相続人（故人）の死後の手続きの煩雑さ

相続のタイムテーブル

相続の開始

↓

遺言書の有無の確認

↓

遺言内容の執行
（遺言書がある場合）

↓

相続放棄、限定承認の手続き（3カ月以内）

↓

被相続人の準確定申告（4カ月以内）

↓

相続財産の評価

↓

遺産分割協議
（遺言書がない場合）

↓

遺産分割協議書の作成

↓

相続税額の計算

↓

相続申告書の作成

↓

相続税申告・納付（10カ月以内）

参考：『親を見送るときに役立つお金と心の本』（天野隆・香山リカ、主婦の友社）

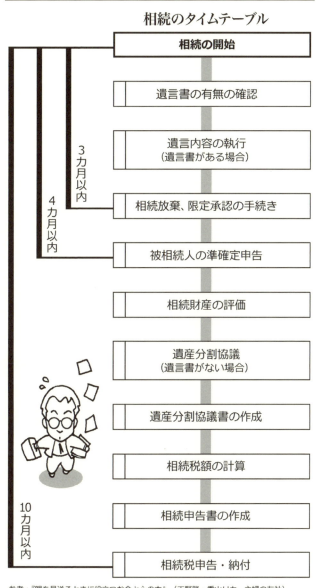

年金、一時金、補償金、保険金等の手続き

項目	期限	届け出先
□ 死亡一時金の請求	2年以内	年金事務所等
□ 埋葬料、葬祭費、高額医療費還付の請求	2年以内	市区町村役場、年金事務所等
□ 入院・手術給付金、死亡保険金の請求	2～3年以内	生命保険会社等
□ 未支給年金、遺族年金の請求	5年以内	年金事務所等
□ 未払い給与、死亡退職金の請求		勤務先

その他の届け出、申告、登記等

項目	期限	届け出先
□ 死亡届	7日以内	市区町村役場
□ 所得税の準確定申告	4カ月以内	被相続人の住所地の税務署
□ 相続税の申告・納付	10カ月以内	被相続人の住所地の税務署
□ 土地・家屋の移転登記		所在地の法務局(本局または出張所)

※期限が記されていないものは、なるべくすみやかに届け出る

名義変更(または解約)等の手続き

項目	期限	届け出先
□ 世帯主変更届	14日以内	市区町村役場
□ 住居の賃貸契約		大家、不動産管理会社等
□ 固定電話、電気、ガス、水道		所轄の各営業所、水道局
□ 携帯電話、プロバイタ		各事業会社
□ NHK受信料		フリーダイヤル受付窓口
□ 預貯金の名義書き換え		銀行等の金融機関
□ 株の名義書き換え		証券会社・証券代行信託銀行
□ 自動車の名義変更		管轄の陸運支局事務所

公的機関や会員制度などへの資格喪失(停止)、退会、解約等の手続き

項目	期限	届け出先
□ 健康保険(国保以外)	5日以内	勤務先または年金事務所
□ 厚生年金	10日以内	年金事務所等
□ 国民健康保険・介護保険	14日以内	市区町村役場
□ 国民年金	14日以内	年金事務所等
□ パスポート		各都道府県の旅券課
□ 運転免許証		最寄りの警察署
□ 会社等の身分証明書		勤務先
□ クレジットカード、各種会員カート		各事業会社(年会費等に注意)

参考：『親を見送るときに役立つお金と心の本』（天野隆・香山リカ、主婦の友社）
『わかりづらいと思われがちな相続を極力わかりやすく解説した本』（天野隆、主婦の友社）

[第3場　天狗、舞う]

まずは、警察の行方不明者の扱いについて。

警察は原則として民事不介入がルールです。なので捜索願（現・行方不明者届）を警察に提出しても、幼い子どもや事件性が高い（誘拐、拉致など）場合を除くと、ただちには捜索活動を始めてくれません。たとえ行方不明者が中・高校生でも、単なる家出と判断した場合は捜索を警察が積極的に行なうことはまずないのです。まして成人ともなると……。

成人が捜索されるのは「一般家出人」ではなく「特異行方不明者」と分類されたときです。具体的には「凶悪犯被害者」「福祉犯被害者」「事故遭遇者」「自殺企図者」「自傷他害の恐れのある者」「自救無能力者」と判断されたケース。平たく言うと、〝家出の意思がないのに何らかの外的要因（事件、事故）によって行方不明になった場合〟や〝身の危険が迫っている場合〟です。

「探さないで下さい」と置き手紙を残した次男坊は、自分の意思で失踪した「一般家出人」です。捜索願を出せば、警察本部のデータベースに顔写真や氏名などが登録はされますが、あとは警察官の日々の活動（パトロール活動や、交通違反の取り締まりなど）で偶然見つかるのを待つだけです。

次男坊は１９８２年12月に失踪しました。

それから数年後、両親は家庭裁判所に失踪宣告の申請をしています。この失踪宣告が家庭裁判所で確定され、その旨を失踪届として役場に出すと法律上では行方不明者の死亡が確定します（正確には、生存確認ができる最後の日から7年が経過した時に法律上死亡者扱いとなります）。

しかし、両親は家裁に出した申請をすぐに取り下げました。

その後数年たって、両親はもう一度家裁に失踪宣告を申請。しかしこの時もすぐに申請を取り下げています。理由は定かではありません。でも次男坊に戻ってきてほしいという親としての強い思いがあるのは確かです。

その両親に3度目の申請をするよう言わなければなりません。とても酷なことです。正直、説得する自信はありません。

わかっているのは、言い方によっては両親がへそを曲げてしまうこと。それだけです。そうなるともはや……。

私ができる両親への説得の言葉は２つ。

「失踪宣告をして次男坊が法律上死亡していれば、相続がいかに簡単にできるか」

「次男坊が出てきたときは戸籍を復活させ、彼の相続分はちゃんと渡す」


すごく単純ですが、でもこれをひたすら丁寧に繰り返して説明するしかありません。

あまりにも大変で、……あまりにも苦労しました。

そのことだけを書き、あとは書くのを控えさせて下さい。読者の皆さま、どうかお察し下さい。

とにかくヘトヘトになりました。


私の記憶にはないのですが、親族一同が銀行の応接室に集合して弁護士さんに会うという儀式があったと三男坊が言います。弁護士さんが銀行の副支店長の紹介の税理士さんの紹介だったので、きっと場所を借りたのでしょうね。

親父が弁護士さんに次男坊の失踪の経緯を話し、「でももう30年以上前のことなのでひとつよろしくお願いします」と家裁での手続きを進めるお願いをする。そういう儀式だったそうです。弁護士さんが親族と第三者（銀行関係者）の前で、親父の言質をきちっと取りたかったのだと今では思います。

三男坊曰く、当時親父はほとんどボケてたけど、その時だけは毅然と喋ってたということ。

私に記憶がないのは、親父をスーツ・ネクタイ姿に着替えさせるのに一苦労、家から連れ出すのにもう一苦労、という感じで疲れきり、儀式の席ではもうエネルギーゼロ状態で何もかもが忘却の彼方へ、……ということなのでしょうか。……多分、儀式なので何か問題があってもたいしたことではないと踏んでいたのだと思います。


弁護士さんは手慣れた感じで粛々と作業を進めていきました。

弁護士さんと契約したのが11月。ですが12月にはもう失踪宣告の申請書を家庭裁判所に提出しています。必要書類の提出とヒアリングが1回、そして数回のファックス。これが弁護士さんとのやり取りのすべてです。両親の説得にかけた私の作業量とは比較にならないほど楽でした。

翌年（２０１２年）２月に申立人のお袋が家庭裁判所から呼び出され裁判官と質疑応答。３月に親父宛てに家庭裁判所から質問状が届き親父が直筆で回答。作業は粛々と進み、12月には失踪宣告が確定しました。

「主文　不在者（次男坊）を失踪者とする」

すぐにお袋と一緒に区役所に行き、家裁の発行した審判確定証明書と死亡届を提出。こうして次男坊の法律上の死亡が確定しました。

死亡とみなされた日（死亡日とはいいません）は、失踪した日から7年後ということでした。

＊

失踪宣告が出る前に親父が死ぬのだけは勘弁してよ、とずっと思っていました。それはもう子どもとしての思いというより、事務処理を仕切る責任者としての悲痛な叫びというか。

「ここまでやってきた努力が全部無に帰するなんて、冗談じゃない」

そう心底思うほど、努力というか、辛い思いをしていたのだと思います。

ほんと、そうなるのだけは絶対いやでした。

[第4場　2012年のハムレット]

家庭裁判所の決定を待っていた2012年の話をします。

親父は89歳。私は57歳、3月で役職定年を迎え管理職を退きました。時間が取れるようになった私は、少しずつ親父がやってきたことや書類などを整理していきました。最初の難題は2011年から親父に代わって行なっている税金の確定申告です。会社員として生きてきた私は確定申告をしたことがありません。会社の経理が本人に代わって年末調整をしてくれるからです。なので、一からの勉強です。とはいえ、過去に親父が提出した確定申告書を必死になって分析して真似するだけですが。何とか書類を提出していましたが、とても不安な気分が残りました。

ある日、贈与をした土地で登記をしてないものがあると親父が言い出しました。何ボケてるんだよと最初は相手にしていませんでしたが、あまりにもしつこく言うので念のために調べることにしました。

方法はシンプルです。登記簿（法務局）と贈与申告書（税務署）の照合です。登記簿の所有権移転の欄を確認すると何回も細かく贈与しているのがわかります。で、確かに未登記の土地がありました。2010年3月に贈与申告した土地です。2010年3月と言えば、親父が確定申告できなくなった年。妻のハーちゃんが税務署に行って書類を清書して提出したあの年です。

親父の言っていることは本当でした。疑ってすみません。

贈与した土地の登記は親父にとっては得意のルーティン。でも私にとってはやったことがない未経験でタフな作業。非常なストレスです。

でも気付いてよかったです。もし登記をしていないと、贈与税を払ったにもかかわらず相続財産の計算の時に無視され、贈与税を払う前の土地の持分で計算され相続税が増えてしまいます。危ない、危ない。損するとこでした。

親父の努力を水の泡にしなくてすみました。

でも……。親父の頭の中には私が知らないといけない地雷がまだ一杯隠されてる。そんな不安に駆られたのでした。

役職定年になって特に気になってきたのが、キャベツ・ハイツの荒れ具合です。

建て替えなのかリノベーションなのか、とにかく何か手立てを打たなければ。でも、もし相続税が多かったらこの土地は手放すことになります。その場合、手を加えた分はムダになるばかりか負債となって残ります。だったら、むしろ放っといたほうがいいのでは。……堂々巡りです。

いずれにしろ廃墟寸前のアパートを何とかしないといけないのは事実。

じゃあとりあえず情報を集めようと、たまたま見つけた不動産協会のセミナーに参加。予約をしてセミナー後に相談にものってもらいました。

わかったことは1つでした。やはり、信頼できる税理士さんと出会ってきっちり今後の方針を整えない限り、一歩も前に踏み出せないということです。

その頃の両親の様子を書きます。

親父は、人に対して攻撃的になってきました。警戒心が強くなったというか。

家の敷地に入ってくる人を見つけると、食ってかかるのです。郵便屋さんや宅配便屋さんに怒鳴る、噛み付く、わめく……。

一方、お袋（82歳）のこの年のイベントは2つ。

1つは、救急車事件。

ある日、ベッドの上で倒れていたのです。私とハーちゃんは何が起こったのかよくわからず、とにかく急いで救急車を呼びました。でもたいしたことはなく、救急車には乗らずにすみました。まずは一安心です。とそのとき、ベッド脇に転がっている一升瓶に気付きました。銘酒・久保田。半分空いています。そうです、倒れた原因は酒の飲み過ぎだったのです。救急隊の皆さん、本当にすみませんでした。

お袋は元来酒が強く、飲みたくなると私に声をかけてきます。基本的に陽気な酒で、いいお酒です。私もお袋と一緒に呑むのは嫌いではありません。

この事件が起こったのは2月。次男坊の件で家庭裁判所に行く10日ほど前のことです。おそらく家裁への申請の件で気が重くなって酒がすすんだのだと思います。

この日、お袋とルールを決めました。お酒を飲みたくなったら、必ず私かハーちゃんの許可を取るというルールです。

もう1つは、ナースステーション事件です。

物置の前で転んで右手を骨折。手術のために病院に3日ほど入院しました。

退院の時、ハーちゃんが車で迎えに行くと病室にお袋がいません。それどころか病室にはベッドもありません。慌ててナースステーションにいくと、お袋のベッドがそこに置かれています。で、お袋はというと看護師さんと楽しそうに会話をしています。看護師さんがハーちゃんに事情を説明してくれました。

「夜中に用事もないのにナースコールを何度も押されまして。それで他の患者さんへの対応ができなくなったので、お母さんのベッドをナースステーションに移動して寝てもらうことにしたんです」

お袋の言い分は、「だって、看護師さんはお仕事ばかりでつまらなそうだから、自分が相手をしてあげた」でした。

じっとしていられないお袋の姿は、税務署で和製チャップリンだった親父の姿に重なります。

しかし、何といってもこの年（2012年）の両親のメイン・イベントは12月の孫娘の結婚式でした。

赤ん坊のときから一緒に暮らしている孫娘の結婚式を楽しみにしていたのです。ところが結婚式の当日、親父とお袋は起きて来ません。様子を見にいくと、「体の具合が悪いし、だるいから行かない」と親父はベッドから出ません。一方のお袋は洋服を用意して行く気満々の様子。

とりあえず着付けがある妻のハーちゃんを先に行かせて、息子と2人で親父を連れて行こうと懸命に努力しました。でも結局ダメで……。そしたらお袋も親父が寝てるなら行かないと言いだす始末。結局二人とも結婚式には参加しませんでした。

特にお袋は孫娘の結婚式を楽しみにしていたので残念でなりません。

この頃の写真から、親父の顔にうっすらと髭が見えます。きっと髭を剃るのがおっくうになってきたのでしょう。

リア王の誕生の予感です。

○コラム10　登記

土地と建物は別々に登記することをご存知でしょうか。

また、自分の住んでいる土地や建物の登記が誰の名義になっているのか確認されたことはあるでしょうか。

登記とは一般的に登記所（法務局・地方法務局などを総称）で行なう権利関係などを社会に公示する制度です。自分の物だと主張するための制度と言ってもいいと思います（土地や建物の不動産登記だけでなく商業・法人登記や成年後見登記などもあります）。

私の場合、父親から贈与された土地の登記を変更していませんでした。贈与を受けたので、間違いなくその土地は私の物です。にもかかわらず公の登記上は父の土地のまま。これでは表面上、その土地は相続税の対象となり、贈与税を払ったにもかかわらず、相続税も支払うこととなります。

もし古い土地を所有されていたら、登記をご確認下さい。

過去の相続時に登記費用が掛かるからと登記手続きをしていないケースがあるからです。

「死んだ父親の土地と思っていたら祖父（故人）の名義だった」

そんなことが判明したら、大変なことになります。自分が相続する土地・建物が誰の名義になっているのか必ず調べておくことをお勧めします。

【第5幕　メシア降臨】

[第1場　ハムレット、メシアと会う]

救世主・メシアは意外なところから現れました。

第1の税理士さんを紹介してくれたメガバンクが別の税理士さんを紹介してくれたのです。紹介してくれたのは以前の副支店長さんとは違うセクションの方。融資部門の営業の方で、新しく親父の営業担当になられた女性でした。

この方、すぐに親父のお気に入りになりました。ハーちゃんがこう言います。

「すごいの。お義父さんと会話のキャッチボールができるの。仕事の話でも、なんでも。勘がいい。こうお義父さんがポーンと言ったら、ポーンポーンポーンポーンって。お義父さんが変にからかっても上手な答えが返ってくるし。コミュニケーションがほんとにすごい」

親父の質問に的確に答えられ、初対面から意気投合できる人なんて稀有な存在。それでお袋もこの方にすっかり魅了されてしまいました。

ある日、私が銀行の支店に紹介してもらった税理士の話をこの方にしました。すると、「相続に強い税理士さんを知っているのでご紹介します。忙しいけれど優秀な先生なので絶対に離してはいけませんよ」というお返事。

そして、２０１２年5月に税理士さんを紹介してもらいました。我が家の救世主、税理士Ｔさんの登場です。


私は最初の税理士さんと同じ資料をＴさんに渡して、同じように土地の特殊性（崖地や接道がないことなど）のことを話しました。その上で今相続を行なったら相続税がいくらになるのかと訊きました。そっくり同じ質問です。でも2人の答えは明らかに違っていました。

最初の税理士さんの答えは、

「各々の土地・建物がいくらで売れるのか教えてください。それがないと評価できません」

一方、Ｔさんの答えは、

「わかりました。ちょっと僕の知っている不動産鑑定士の人に土地の評価価格をラフでいいのでどのぐらいか、やってもらうよう頼んでみます。もちろん無償で。ただすごくラフな形ですけどね」

こうでなくっちゃ！　ビンゴ！　やっと会えた。この人こそ私のメシア、救世主だ！

その後の展開はスムーズでした。

1．不動産鑑定士さんが、我が家の土地の評価価格をラフな形で出すためには測量が必要だと指摘（崖地の面積を知るため。そして土地の境界が不明瞭のため）。

2．Tさんに測量士さんを紹介してもらう。正式に測量すると大きな費用が発生するので、相続税の見積もりに必要なことだけを最低限の費用で確認することに。で、資料を取り寄せて全体確認をする（境界についてては市の道路との境界図面や私が持っていた境界確認書など、勾配などについては県の急傾斜の時の工事資料などで）。

3．不動産鑑定士さんが改めて全体のラフな評価額を算出。

このとき平らな土地は路線価１００％、評価が難しい崖地は路線価の×％～△％という幅を持って算出する（よって相続の予想額もある程度の幅を持って算出された）。

※相続するときに崖地であることを主張しないと、平らな土地とみなされ路線価１００％で課

税されてしまいますので要注意です。

4．土地の評価に現金やアパート評価なども加えて親父の総資産を計算。そこから銀行などの借入金を引いてラフな相続税を算出。

相続に強い税理士Tさん！　おぉ、我がメシアよ！

ポイントはやはり崖地の不動産評価でした。この評価次第で相続税は大きく変わるのです。なので、崖地の評価をある程度の幅で考え、相続の予想額も幅を持って出してもらいました。でも、幅があるにせよ相続税の概算額が見えたことで、具体的な節税方法を検討することができるようになりました。

この相続税の概算額が、相続に関して私が一番知りたかったことでした。それは「もし相続税の金額が多かったら、家や土地を手放さないと支払えなくなるのではないか」という不安があったからです。家を手放すとなると、退職後のセカンドライフの設計は大きく変わってきます。でも、どうやら節税対策をしっかりやればなんとかなりそうなことがわかりました。まずは一安心です。

我が家の土地には、あと一つ懸念事項でありました。接道がないことです（周囲3方向が崖、残り1方向が隣家の土地)。

しかし、この点はすぐクリアできました。接道義務違反の土地には法律的に建物を建てることはできないので、安い価格でしか売却できません。なので相続税評価額の減額が認められている、ということがわかったのです。今後、家の建て直しや売却をする場合は不利になるのですが、こと相続だけを考えた場合は有利に働くようです。

意外なことでしたが、この接道義務をクリアしていない宅地は珍しくないようです。制約のなかったころに建てられたのか、それとも他の理由があるのか。我が家の場合、その理由はハッキリしていません。両親に訊こうにも……、もはや霧の中です。

◯コラム11　接道義務違反・旗竿地に注意

我が家のケースのように、土地が道路につながっておらず他の人の土地を通って出入りしている場合は接道義務違反であることは明白です(図1参照)。この場合家の改築は可能ですが、一度更地にして新築することはできません。

気をつけなければいけないのは、接道義務違反であることをついつい見落としがちな土地の存在です。

図1

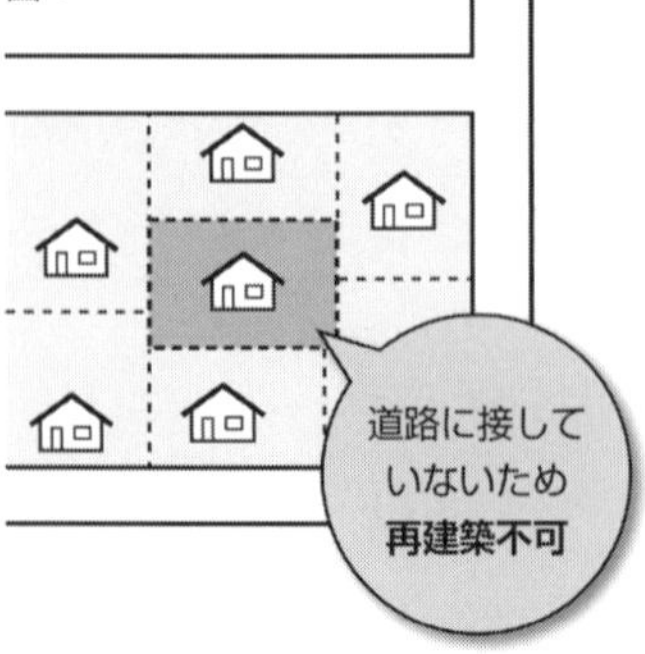

図2

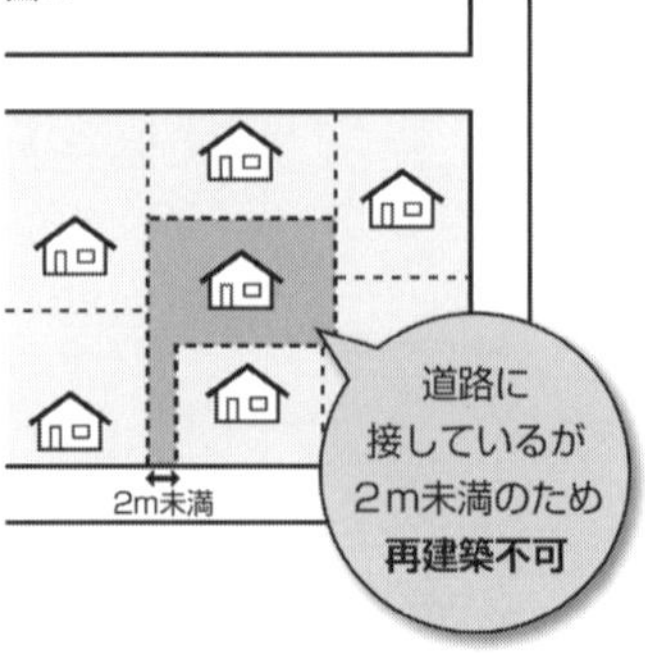

それが旗竿地と呼ばれるものです。名前の通り「竿についた旗のような形の土地」のことで、敷地（旗の部分）に細長い土地（竿の部分）が加わり公道へと続いています（図2参照）。一見、何の問題もないと思えるのですが、道路に2メートル以上接していないと建築基準法に違反することになり、建物を建てることができないのです。新しく家を建てるには、路地部分に隣接する土地の一部を買い取ったり借りたりして、接道義務をクリアする必要があります。

思わぬ落とし穴！

実家の建て替えや古家付きの土地の購入のときはご注意ください。

【第2場　メシアの指針】

メシア・Tさんに相続税の検討をお願いするにあたり、通常のお金の流れも理解してもらったほうがいいと考え、確定申告の面倒を翌年から見てもらうことにしました。さっそく私の提出した2年間の申告書類を見てもらいます。と、Tさんから「ほぼ完ぺき」という言葉が。不安は一掃され、苦労が報われた気分になりました。

上機嫌の私は勢いづいて、Tさんにキャベツ・ハイツのことを相談しました。するとこの土地についてはアパートをリノベーションして使えるのであればそれが良いのではないかというアドバイス。そこで、ほとんど稼働していないアパート3棟をリノベーションすることに決めました。

リノベーション自体は、以前参加した不動産協会のセミナーで出会ったKさんに相談しました。ここからKさんとの二人三脚が始まり、順調に事が運んでいきます。翌年には不動産の仕事をベースにした個人会社を設立。会社をリタイアした後の人生プランが見えてきました。定年後を考えて、約款には不動産業だけでなくコンサルタント業も加えることにしました。実は、アパートの管理をする会社を作ってはどうかと提案してくれたのも税理士Tさんでした。彼の的確なアドバイスで順調に準備は進んでいきました。

このとき驚いたことがあります。会社を立ち上げるときのスピードです。税理士Tさんの提案があってからたった2週間で会社が立ち上がったのです。

ワォ、こんなに早く会社ってできるもんなんだ！

個人会社については直接相続には関係ないので、これ以上書くことは控えます。でも相続への見通しが立ってはじめて退職後のことがいろいろ動き始めたのは事実。相続対策の大切さを改めて思います。

次男坊の後日談を一つ。

法律上の死亡が確定したあと、ふと年金のことが気になりました。実は次男坊がいつ帰ってきてもいいようにと、失踪後も両親が年金を支払い続けていたのです。でも死んだ人が年金をかける訳がありません。死亡とみなされた日以降の年金は取り戻せるはずです。で、さっそく年金事務所に問い合わせると、３５０万円ほど戻ってきました。一瞬儲かったと思ったのですが、よくよく考えればこちらが支払っていたお金。なんだかなあ。

＊

次男坊について三男坊はこんな話をしていました。

実は１９９５年の地下鉄サリン事件のとき、次男坊がオウムの信者になっているのじゃないかと心配になりテレビに映る信者をチェックし続けたと。私もそんなことを当時は懸念していました。両親は北朝鮮による拉致も考えたみたいですが、私も三男坊もこれには賛同していません。家族はついいろんなことを考えてしまうようです。

○コラム12　40年ぶりの民法改正

２０１８年、相続に関する民法等の規定（いわゆる相続法）を改正する法律が成立しました。今回の改正は、約40年ぶりの相続法の大きな見直しになります。具体的な内容としては以下の通りです。

・配偶者居住権（配偶者が自宅に終身住み続けられ、生活資金も確保しやすくなる）
・婚姻期間が20年以上で遺言があれば、自宅は遺産分割の対象外に
・自筆証書遺言保管制度の創設等（財産目録に限りワープロ作成も認められる）
・相続人以外の親族が故人（被相続人）の介護等をした場合、「特別寄与料」を請求できる規定が設けられる
・預貯金の仮払い制度（相続人の合意がなくても預貯金の一部が払い出せる）

法律は成立しましたが施行日は項目によって違い、２０２０年7月12日までの政令で定める日に施行されます。

【第6幕　リア王の誕生　2013〜2014】

2013年はリア王が誕生した年です。この年の暮れに撮った写真に、仙人のように髭を蓄えた親父が映っています。孫娘の結婚式に行かなかった頃から、朝起きて顔を洗って髭を剃るルーティンがなくなった親父。でもまだ床屋さんに行って髭を剃ってもらっていたのですが。……いよいよそれもままならなくなったようです。

[第1場　2013年 松本事件]

5月に親父に講演の依頼がありました。

「奥様と一緒に松本に来てください。講演の後は皆さんと食事をして久しぶりにいろんなお話をしましょう。ホテルを取りますので泊まっていって下さいね」

声を掛けて下さったのは、親父と20年近く仕事をしている某メーカーのMさん。どうやら長野県の業界の人が久しぶりに親父に会いたいと、Mさんに世話役をお願いしたみたいです。参加する人は親父と仕事をしたか親父が指導をした人たち。そしてお袋とも面識がある人たちです。

わざわざ我が家まで足を運んでいただいたMさんに、親父は喜んで行く行くと返事をします。でもMさんは、親父のボケ具合を見てとても不安な様子。

その後Mさんは我が家に親父の状態を確認するため3回いらっしゃいました。その度に親父は必ず行くと満面の笑み。そして電車のチケットもいただきました。

私は「行けない可能性が高い」と正直にお伝えするのですが……。

「100％来てくださるとは信じていませんが、来てほしいんです。いや来てくれることを願っています」

ここまで丁重に扱っていただけるとは。……ありがたい限りです。

しかしというか、やはりというか。

当日の朝になると親父は行かないと言いだしました。Mさんに失礼になるので私がチケットを持って待ち合わせの駅のホームに走ります。お詫びをすると、Mさんは寂しそうに肩を落とされ、

1人で電車に乗って松本に向かって行かれました。

本当に申し訳なかったです。でも本当にありがたかったです。


そうとはいえ、両親は手助けなしに最低限の生活はできていました。最低限というのは、2人とも1人で駅まで買い物に行ける状態ということです。そしてお袋が食事を作って2人で食べていました。しかし、夏の暑さには勝てず、2人ともかなり痩せてしまいます。そこで、8月に娘がお産の準備で里帰りしてきたのをきっかけに、私たち夫婦と一緒に食卓を囲むようになりました。

この頃からでしょうか。お袋がボケた親父の介護を自分でしていると思い始めたのは。端から見ると「老老介護ごっこ」なのですが、それでお袋の気持ちが維持できるのであれば、それはそれでいいことなのだと思って接していました。

11月には明るい話題がありました。

私の初孫の誕生です。両親にとっては曾孫。いやはや子どもの力は偉大です。ただそこにいるだけ、泣いているだけなのですが、両親の頭の回転が突然よくなったのです。赤ん坊が発するエネルギーはほんとに大したものです。

この時期、銀行にある両親の貸金庫を調べはじめました。人が亡くなった時、貸金庫を開けるのが一騒動になると聞いたからです。

通常、貸金庫には自宅の権利書など重要な書類や実印などを預けます。また遺言書を預けるケースもあります。なので、亡くなった時はどうしても貸金庫の中身を確認する必要が生じます。ところがこの貸金庫、契約者の死亡を知ると銀行が一時的に閉鎖。再び金庫を開けるためには相続人全員の同意が必要となるのです。銀行としては、一部の相続人が貸金庫を開けて財産を着服するのを避けるための当然の処置です。

親父は何故か無類の貸金庫好きで、銀行数行に貸金庫を持っていました。戦時中に空襲で自分の本やノートをすべて失った親父。それがトラウマとなって銀行の金庫なら燃えることなく安心だとでも考えたのでしょうか。

金庫の代理人はお袋です。ハーちゃんにお袋と銀行に一緒に行ってもらい、貸金庫の整理をしてもらいました。

開けてみて吃驚《びっくり》!

ほとんどがゴミだったのです。

もちろん土地の権利書とか契約書とか重要な書類もありました。ですがその多くはもはや必要が

なくなった書類でした。あとは古い通帳の山。これはキャベツ・ハイツやクリフ・アパートの家賃の振り込みの記帳を残すためだと思われます。それと何故か印鑑の山。何の判子なのか、いまだに謎です。

ちょっと得したこととしては、金庫の中からお袋のトラベラーズチェックが出てきたことです。銀行の窓口でお袋にサインしてもらい、現金に換えました。

こうして必要な資料を回収して、すべての貸金庫を解約しました。

これで1つ、亡くなった後の事務手続きが減りました。ホッと一息です。

余計なものは持たずにコンパクトにすること。これが重要なんだなとつくづく思いました。

実は人が亡くなった後、貸金庫をスムーズに開ける方法が一つあります。それは遺言に「遺言執行者に貸金庫を開ける権限を与える」と書いておくことです。そうすれば相続人全員の同意がなくても貸金庫を開けることはできます。でも我が家の場合は貸金庫があっても無意味と判断。解約することを選びました。

【第2場　2014年 ターミナル駅徘徊】

2014年4月に息子が社会人となりました。これまで私たち夫婦が不在の時に両親の面倒をみてもらうなど何かと頼りにしてきた息子。しかしもう簡単には頼れなくなりました。

私にも動きがありました。翌年の定年に向けて、会社で雇用延長するかどうかのアンケートがあったのです。設立した会社が順調で、会社の仕事よりも相続対策やアパート経営のほうを考える時間が長くなっていた頃でした。

長年勤めた私の会社では57歳で役職定年、60歳で定年。希望すれば65歳まで雇用延長ができます。でも私にはボケている両親と相続対策の心配があります。それに減額される給料のことを考えると（雇用延長すると給料が30％ほどになります）、退職して自分の不動産業をしっかりやったほうがいいと判断。会社のアンケートには雇用延長しないと書きました。ほとんどの社員が雇用延長する中、堂々たる宣言です。会社に残るものだと思っていた上司は本当にびっくりしていました。

そんな中、事件は起きました。

ある日、親父（91歳）がどこにもいないのです。ハーちゃんがお袋に訊くと、「あら、お散歩に出したわ。だって、ウチにばっかりいられたらあれじゃない。だから」という返事。これは大変です。

案の定、夕方に警察から電話がかかってきました。親父を保護したというのです。4年前の義父の件が頭をよぎります。

親父の出掛けた先は隣のターミナル駅でした。一年振りに見る街の喧噪。それが脳細胞を刺激したのでしょうか。親父の頭の時間は事務所通いしていたときに戻ってしまいました。ＪＲの定期券で事務所に通っていた時代です。

「俺の定期がない」

親父は帰りのターミナル駅で定期券がないと騒ぎ始め、駅員さんに詰め寄ったのです。

「定期がなくなったので電車に乗せてくれ。俺は定期を持っているはずだ」

しつこく騒ぎ立てる親父。ですが、その割にはちゃんと切符を買って持っています。困り果てた駅員さんは、警察に連絡をしたのでした。

駅改札口そばの交番に親父は連れていかれました。そこでも「定期がない、定期がない、探してくれ」と喚き続けたそうです。お巡りさんは親父が認知症と判断。それで家に電話をかけてきたというわけです。

「お父さん、小銭を持ってますし、140円のJRの切符も持ってますし、△△駅までは行けそうなので、電車に乗せます。△△駅まで迎えに来てください」

地元の駅はターミナル駅から一駅。途中下車する心配はないので、乗せてもらえば引き取るのは簡単です。

武士の情けとでもいいましょうか。親父が可哀想に思えて、駅から家までの帰り道はなにも質問しませんでした。親父も定期のことは言いません。ひょっとしたら警察にお世話になったことも忘れたんじゃないか。そう思い始めたときです。突然「Sちゃん（私）ありがとよ」と殊勝な言葉。それも2回も繰り返します。……もうなんとも。

そのあと親父が少しふらついたので、父子でお手々つないで家まで帰りました。

翌日、JRの駅と交番に迷惑をおかけしたことを謝りに行きました。

この事件があってからは、親父の一人での外出は禁止にしました。

いわゆる徘徊は、これ一回だけでした。

三方が崖。残るもう一方を歩いて行っても急な上り坂か階段にぶつかります。体力がない両親はここで立ち往生せざるを得ません。地形が味方してくれ、徘徊を食い止めてくれました。放牧された羊や牛というか、上手い具合の軟禁状態というか。この地形でなければ、徘徊が頻発していたのは間違いありません。それを考えるとゾッとします。

その代わり、二世帯住宅の中をよく徘徊するようになりました。2階にある私たち夫婦の寝室に、朝昼晩いつでもかまわず顔を出すようになったのです。うっとうしくはありますが、外を徘徊されるよりはるかにましです。

[第3場　2014年暮れ オー・マイ・ガッ!]

2014年11月。ハーちゃんが玄関の階段から落ちて、右足かかとを骨折。歩行困難で2階の寝室にこもりきりとなりました。お医者さんの診断では歩けるまで1カ月かかるということ。

妻が2階で動けなくなるという事態は思っていた以上に大変なことでした。お袋は材料を買っておけば親父にどうにか食事をつくってくれます。問題は夫婦の食事です。私は料理の経験が皆無。でもそんなこと言ってられません。朝起きると、朝ご飯とハーちゃんの昼ご飯を必死に用意。そして会社を定時に退出してお買い物。今まで頼りにしてきた〝お助けマン〟の息子は新人の社会人です。彼に負担をかけるわけにはいきません。自分で頑張らないと。

幸いハーちゃんは自力でトイレに行くことができました。ベッド脇に置いたキャスター付きの椅子に乗り、左足で地面を蹴りながら進んでいくのです。なんとも逞しいその姿。

両親が要介護認定されていれば、すぐに会社の介護休暇を取れたのですが……。

定年4カ月前で仕事がそんなに忙しくないのが唯一の救いでした。

ハーちゃんのギブスが取れる前日、癌を患っていた義母が医者から余命一月という宣告を受けます。ハーちゃんは実家に帰り対応に追われます。私も有休をとって、12月中旬から会社をしばらく休むことにしました。サラリーマン最後の年。取引先や関係した会社の忘年会を回って、お世話になった方々にご挨拶をしたいところです。でも、それどころではありません。結局、仕事納めの日に出社して、職場の忘年会にだけ参加しました。

年末、義母が亡くなりました（享年91）。

【第7幕　メシアの提案　2015前期】

[第1場　任意後見契約]

年が明けて、2015年。

メシアこと税理士Tさんから2つの提案をもらいました。

1つは、相続税対策として親父名義のタワーマンションを購入したらどうかという提案。もう1つは、親父の判断能力を心配して委任契約及び任意後見契約公正証書を作ったらどうかという提案です。

前にも書きましたが、タワーマンション購入は広く知られた節税方法の一つです。1億円のタワーマンションを購入すると、その相続税評価は4000万円くらいになる可能性があります。実質6000万円ほど資産が減り、相続のとき有利となるのです。評価が下がるのは、建物部分の相続税評価が低めとなることや、マンション1戸当たりの土地の持分が小さくなるなど、さまざまな要因があります。でも、マンション自体を売却すれば市場価格の1億円の価値はあるわけで、決して損をしているわけではありません。

タワーマンションを購入しても私が住むわけではありません。賃貸として貸し出すことになります。そこでマンションの投資回収率の利回りを調べてみました。すると、一般的なアパートと比べて利回りが悪いことがわかりました。それならば、多少相続評価額の減少率が減っても経営ノウハウを持っているアパートを購入したほうがいいのではないかと考え、購入物件をアパートに切替えることにしました。

さっそく銀行に融資の相談をします。

「通常なら高齢者であるお父様に融資するのは難しい。だけど相続対策ということならば」という回答です。こうして融資の話はスムーズに進んでいきました。そんな中、私の頭にある疑問が浮かびます。

「アパート売買の契約成立後、銀行ローンが下りて決済するまでの期間に親父が死んだらどうなるのか」ということです。親父が死んでしまうとアパート売買契約自体が宙に浮いてしまいます。一方、親父の名前で申し込んでいた銀行ローンは当然ながら組めなくなり、決済日までに資金調達が間に合わなくなります。

この疑問を関係者の皆さんにぶつけました。ですが、皆さんのリアクションはとても薄く、1つ事例を聞くことができただけでした。

「銀行が至急稟議をあげて相続人に融資ができるようにし、さらに売主に事情を説明して数日間遅れて決済したことがある」

でもこれはあくまでも上手くいった事例です。

一体「手付金を放棄して不動産の売買契約を解除する」ことになるのか、それとも「相続人が売買契約を引き継ぐことができ」さらに「その相続人に融資が下りる」ことになるのか。

いろいろ課題があるように思えてなりません。

とりあえず「親父が万が一死んだときは契約を私が引き継ぐことにして、その場合は私に融資が下りるようにしてほしい」と提案し受け入れてもらいました。

もう1つのTさんの提案、委任契約及び任意後見契約公正証書について。

まずは三男坊に連絡して「委任者は親父で、受任者は私」を了解してもらいました。あとは公正役場の段取りです。こちらは役場の先生が親父と話をしに自宅に来てくれました。しかしここで一騒動。親父が「何でこんなことするんだ」と喚き立てたのです。当然と言えば当然の反応に何とも心苦しくなります。……でも可哀想ですが、判断力がなくなってきている親父に必要な処置であるのは間違いありません。最後はやはりお袋の説得で承諾してもらいました。

この公正証書。運良くというか、結局大きな役割りを果たすことはありませんでした。でも何かあったときの保険として、とても重要なものだったと考えています。

＊

実は、親父のことをリア王と呼び始めたのは三男坊です。

以下、三男坊から来たメールをご紹介します。

僕は長く伸びた白髭姿の父親のことを、心の中で「リア王」と呼んでいます。

通常、リア王は次のように解釈されています。

「ブリテンのリア王は高齢のため退位を決意。国を3人の娘に分割し与えることにしました。その分配方法は、どれだけ自分のことを愛しているかによって決めるというもの。言葉巧みに父王を喜ばせる長女と次女。それに対し、歯の浮くような愛の言葉を口に出せない末娘コーディリアは〝父への愛は子の務め〟と答えるのみ。リア王はこの期待外れの答に腹を立て、三女を勘当してしまいます」

これに対し、数年前に舞台でみた「リア王」の解釈は違っていました。

「耄碌により政治の判断ができなくなったリア王には後見人が必要」

長女と次女がそう憂慮した結果、リア王から権利を泣く泣く取り上げたというのです。

「委任契約及び任意後見契約公正証書」、よろしくお願いします。

◯コラム13　委任契約及び任意後見契約公正証書

委任契約公正証書とは、判断能力には問題ないけれど、歩行困難である、寝たきりであるなどで銀行にも行けない場合、委任者が受任者に対して一定の範囲内の行為を代理して行なう権限を付与するために、両当事者の間で締結する公証人作成の契約書です。

任意後見契約とは、本人が十分な判断能力があるうちに、将来、判断能力が不十分になった場合に備えて、あらかじめ自らが選んだ代理人（任意後見人）に自分の生活、療養看護や財産管理に関する事務について代理権を与える契約です。この契約に関しては、必ず公証人が作成する公正証書にしておかなければならないとされています。

※　本人が入院中などで公証センターを訪問できない時は、公証人が病院や自宅に出張してくれます。

（浦和公証センターのサイトより）

http://urawa-notary.com/publics/index/22/

[第2場　ハムレット、お寺へ]

この年の3月一杯で私は定年を迎え、長年勤めた会社を辞めました。

翌4月、義母を追うように義父が他界しました（享年101）。義母が亡くなって4カ月後のことでした。

「両親が死んだら葬式はどうする？」

義父のお葬式帰りに三男坊と飲み屋に寄ると、当然のように話題はそのことに。まるで伊丹十三監督の映画『お葬式』です。

思えば、自宅から歩いて10分ほどにある菩提寺との付き合いは両親まかせ。私たち兄弟はお寺さんとは疎遠で、住職と直接お話したこともほとんどありません。ここはきちんと住職とお会いして、いろいろお話ししたほうがいいのでは。ということで、さっそくご住職にアポイントを取って、三男坊と一緒にお寺に行きました。

高齢で会葬者も少ないので親戚だけの葬式になると思うとお伝えすると、

「互助会とか入られていないのであれば、お寺でお葬式をやりましょう。葬儀屋は亡くなった時にご連絡いただければご紹介します。お亡くなりになったら何時でもいいのでご連絡ください」とのこと。

何年か振りにお会いしたご住職はとても丁寧に対応して下さいました。

葬儀をあげる場所と葬儀屋さんについて明確になり、まずはホッと一息。他の些末なことはその時になって決めればいい。ご住職とお会いして、いざというときの心構えができました。とてもありがたかったです。

【第8幕　沈みゆく巨星】

［第1場　要介護4と2］

２０１５年9月16日、夕方。

普段はショートメールのやり取りしかしない娘が携帯に電話をかけてきました。嫌な予感が頭をよぎります。案の定、両親が家で倒れているので急いで帰ってきてくれという内容でした。

家に帰るとリビングの椅子に親父（92歳）とお袋（85歳）が座っていました。どうやら大事には至っていない様子。ハーちゃんが説明を始めました。

「お義父さんがウチのほうの玄関の真ん前に倒れてて、で、お義母さんはって思って向こうの部屋に見に行ったら、お義母さん、ベッド脇で倒れてて……」

帰ってきたとき両親は別々の場所に倒れていた、まるでミステリードラマのようにあっちとこっちで倒れていた、と言う妻と娘。

とにかく体に異常がないかを調べるのが先決だと、両親を車に乗せて救急病院へ向かいます。検査の結果、骨には異常はなし。

お医者さんに事情を訊かれ、推測ですがと前置きして説明をしました。

「父がなぜ玄関で倒れていたのかわかりません。トイレに行こうとして途中で倒れたのか。……母は父が何かをしようとしたのを止めようとしたのかもしれません。それで何らかのはずみで倒れた。でも足が悪いので自力で起き上がれないんです。……ああ、そうか、父は母が倒れたことを家の誰かに知らせるために玄関に行ったのかもしれません」

お医者さんが私の話を制して、大きくため息をつかれました。

「ご両親、介護認定してもらっていないんですか」


次の日の朝一番で近所のかかりつけの医者（Yクリニック）に相談に行きました。ここでも介護認定をもらったほうがよいという意見でした。

今まで時々おかしな行動はありましたが、親父もお袋も食材を買っておけば大きな問題もなく自分たちで自力で生活ができていました。なのになぜ急に。

「自分たちは大丈夫。要介護なんてとんでもない！」

体全体でそう主張している両親。その意向を尊重しすぎたのかもしれません。でも、この日を境に状況は一変。もはやここまで、です。


こうして我が家の本格的な介護生活が始まりました。まずは、介護認定をもらわないと何もはじまりません。しかしこれが認定までに1カ月半もかかる大変な作業でした。

以下、そのときの活動内容を日記から抜粋したのでお読み下さい。

◆9月17日（木）
いつも通っている近所の医者（Yクリニック）に親父とお袋の事を相談すると、区役所にケアマネジャーを紹介してもらうとよいといわれる。
◆9月18日（金）
区役所に行き、親父とお袋の介護認定の手続きをする。
◆9月19日（土）

親父とお袋をYクリニックにつれて行き、介護保険の診断と健康診断をしてもらう。

◆9月20日（日）から9月23日（水）は日曜日と祝祭日

◆9月24日（木）

地域ケアプラザに親父とお袋の件を相談に行くと、認知症の診断を受けたほうがよいといわれる。で、Yクリニックに脳神経外科の招待状を書いてもらう。いくつか脳神経外科の検査を受けられる選択肢があった。だが親父は待つことができないし、待っている間に暴れるかもしれない。一番待たないで診察を受けられそうな病院にしてもらう。

◆9月26日（土）

地域ケアプラザの人が家に来て親父とお袋と面談する。

◆9月29日（火）

親父とお袋を車に乗せ20分ぐらいのところにある脳神経外科に行く。

親父は出掛けからぐずり始める。まず、出掛けるための洋服を着せるのに抵抗される。何とか洋服を着せて車に無理やり乗りこませて連れて行く。

病院でも落ち着かずふらふらとあちこちを歩く。

問診、テスト、MRI検査。

親父はＭＲＩ検査場でお漏らししてしまう。病院の人は慣れているようで速やかに処理してくれる。大騒ぎにならなくてよかった。

結果として親父もお袋もアルツハイマーと認定される。

ＭＲＩの写真を見せてもらったが脳がかなり小さくなっていた。

薬を飲んで二週間後に病院に行くことになる。その後、二週間に一度通院することになる。

◆10月1日（木）
区役所の方が親父とお袋の介護認定に来る。


倒れてから9月末までの2週間はほぼ毎日介護認定の手続きに奔走しました。日記にはありませんが、書類を提出しに何回も役所にも行っています。介護にド素人の私は右往左往。雇用延長して会社員を続けていたら到底できなかった作業です。定年退職しておいて本当によかったです。

申請してから認定が出るまで、約1カ月間待つことになりました。

◆10月13日（火）
親父とお袋を脳神経外科に連れて行こうとするが、この時も親父は行かないと騒ぐ。無理やり病院に連れて行き、次回来たくないと騒いだ時はどうすればよいかと聞くと、先生が検査がないときには来なくていいですよ、薬を出しますよといわれる。

◆10月20日（火）

親父が行きたくないと騒ぐのでお袋だけを連れて行く。

◆10月27日（火）

親父とお袋を連れて行く。親父に**要介護4**の判定が出る。

◆11月2日（月）

お袋に**要介護2**の判定が出る。

◆11月16日（月）

地域ケアプラザの人とケアマネジャーの人が家に来る。

もう、ほんとにこの親父。

病院にいくたびにトイレに行きたいとか何やらで大騒ぎ。毎回大変な思いをしました。あと薬。飲むフリをして後ろに放っぽったりしてなかなか飲みません。まったくもう。

やっと介護認定がでて、具体的に動けるようになりました。

当時は地域ケアプラザとケアマネジャーとの違いもわからなければケアマネジャーが何者かも全然知りませんでした。色々と質問し半分ぐらい理解しました。

ここからが実際の介護の始まりです。

※ケアプラザとは私の住んでいる自治体の行政サービスの呼称で、福祉・保健の専門委員が無料で相談にのってくれるサービスです。

介護認定の度数による状態

要支援 1	日常生活の基本動作はほぼ自分で行なえるが、家事や買い物などに支援が必要な状態
要支援 2	要支援1の状態からわずかに能力が低下し、何らかの支援が必要な状態
要介護 1	立ち上がりや歩行などに不安定さが現れ、入浴や排せつなどに一部介助が必要
要介護 2	自力での立ち上がりや歩行、入浴や排せつなどに一部介助または多くの介助が必要
要介護 3	立ち上がりや歩行、入浴や排せつ、衣服の着脱などに多くの介助が必要
要介護 4	介護なしに日常生活を送ることが困難。入浴、排せつ、衣服の着脱などに全面的な介助が必要
要介護 5	日常生活のほぼすべて、身の周りの世話全般において介助が必要

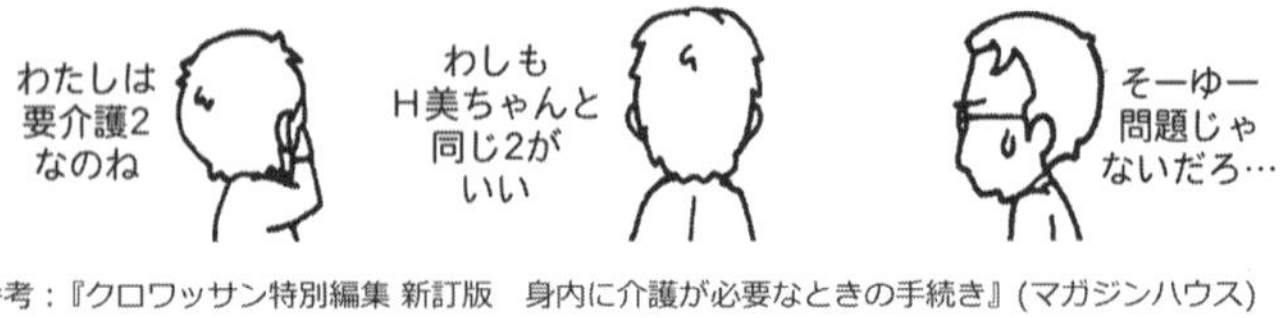
わたしは要介護2なのね
わしもH美ちゃんと同じ2がいい
そーゆー問題じゃないだろ…

参考：『クロワッサン特別編集 新訂版　身内に介護が必要なときの手続き』（マガジンハウス）

介護保険の認定申請とケアマネ

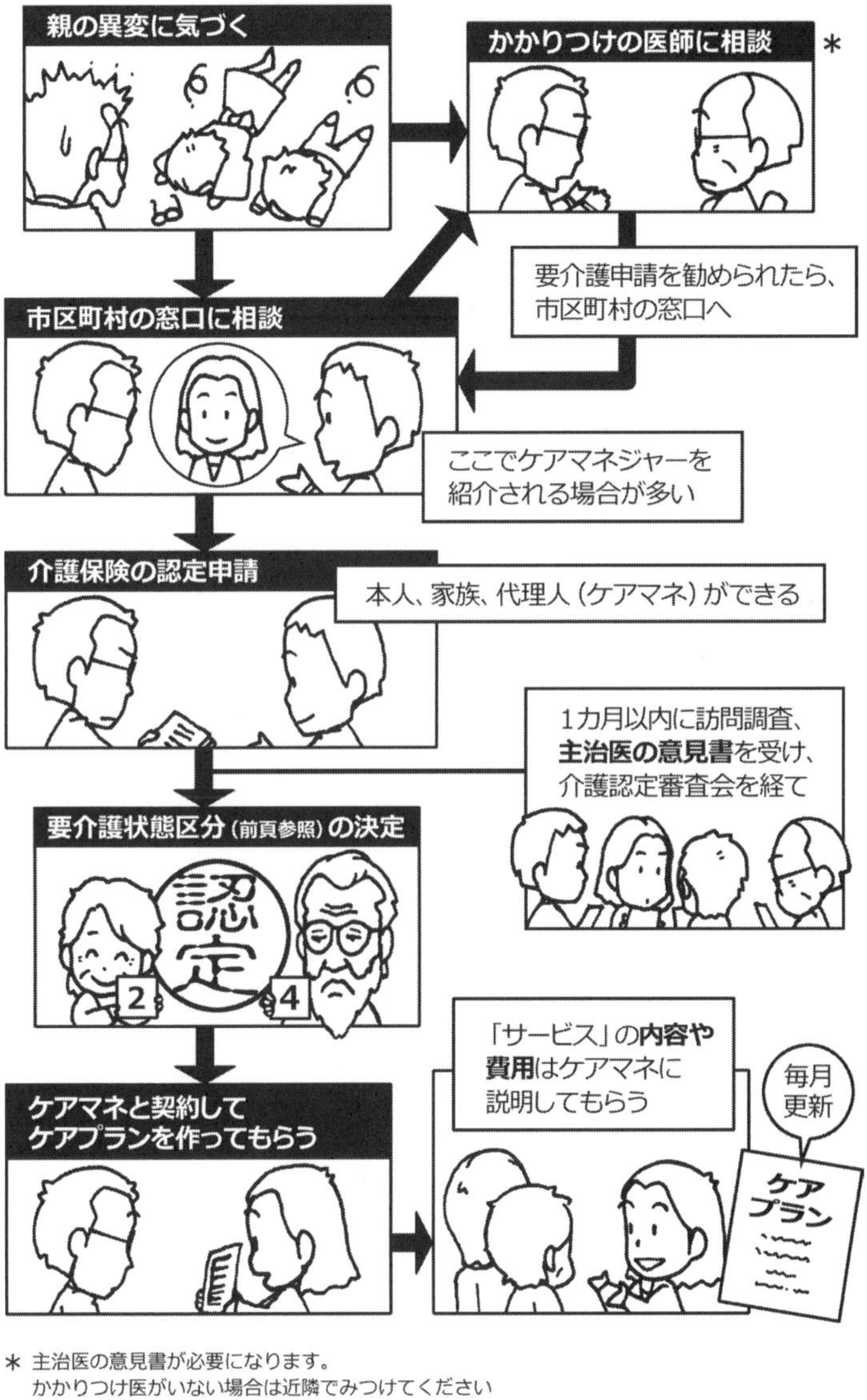

＊ 主治医の意見書が必要になります。
かかりつけ医がいない場合は近隣でみつけてください

○コラム14　行政とケアマネジャー

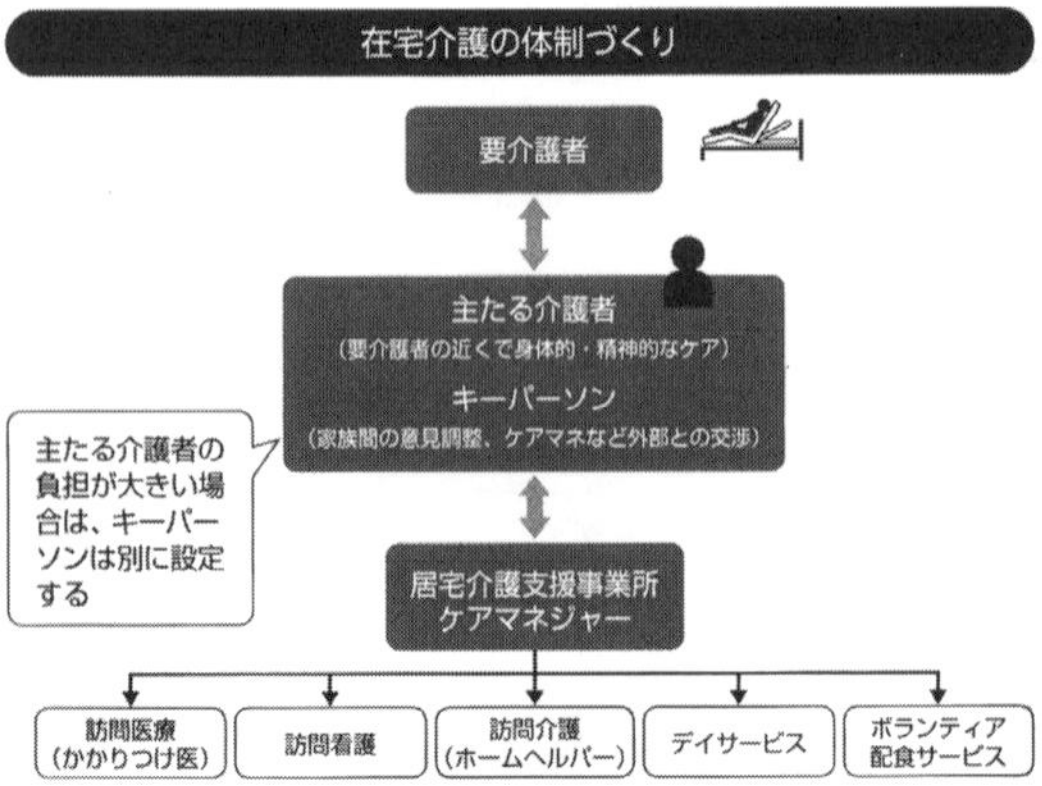

出典『親が倒れた！　親の入院・介護ですぐやること・考えること・お金のこと』（太田差惠子、翔泳社）

ケアマネジャー（介護支援専門員）は、さまざまな介護サービスの中から、その利用者に合う介護サービスを選択し、利用者や家族に提案して実行に導く、「介護のコーディネーター」です。介護サービスの選択・実施のために、サービス事業者などとの連絡調整を行ない、要介護者等のケアプラン（介護計画）を作成する業務を担います。はじめてケアプランを作成するとき、あるいは要介護度が変わりそれに合わせてケアプランを変更するときなどは、利用者やその支援者や介護者、専門職を交えて、プランについて検討し、納得のいく計画に調整します。

私の住んでいる自治体では、福祉・保健の専門委員が無料で相談にのってくれるサービスがあります。我が家に来たケアマネジャーさんはこの行政サービスに紹介していただきました。ケアマネジャーさん自体は民間の会社に所属していました。

[第2場　吠えるリア王]

「早く帰ってらっしゃい」

「なんでそんなことしなきゃいけないんだ」

夜中の2時に響き渉る男女の怒鳴り声。

当時クリフ・アパートに住んでいた娘がベランダで耳にしたのは痴話喧嘩ではなく、崖の下に響き渉るリア王とお袋の声でした。


9月に倒れてから、親父は明らかに以前と違う動きをし始めました。嫌なことがあると暴れたり、大声を出すようになったのです。また、おかしな行動も目立ち始めました。

たとえば、夜中に突然鎌倉に行くと叫び出すと洋服に着替え、外に出て行こうとします。私は抑えるのに必死。あるときなど、お袋が親父を必死に止めようとして、バランスを崩して倒れてしまいました。お袋は右ほほを強く打撲。幸い大事には至りませんでしたが……、なんとも大変です。

なぜ鎌倉なのか。……その理由は今でも全くわかりません。

あとトイレが大騒ぎでした。いわゆる頻尿です。漏らすのはもちろん、トイレに間に合わないので窓を開けてすませてしまうのです。

ある夜、ハーちゃんがリビングでテレビを見ていると、バタバタと外で変な音がします。気になったハーちゃんは庭を見るためにカーテンを開けます。するとそこには親父の顔が……。

「開けてくれー！　開けてくれー！」

ガラスをバンバン叩いて必死の形相です。

多分おしっこをしに外にでて、入り口が分からなくなったのだと思います。

まるでホラー映画みたいに怖くて、ハーちゃんは悲鳴を上げてしまったそうです。

◆11月26日（木）

ケアマネジャーとデイサービスの人が来て、デイサービスと契約をする。週に3回デイサービスに行くことになる。

ケアマネジャーさんに紹介いただいたデイサービスは認知症の人を受け入れてくれるデイサービスでした。親父は髭を剃ってもらい、久しぶりにスッキリした顔に戻りました。

ところがです。

とある日、朝10時にデイサービスの車が迎えに来ると、親父は行きたくないとごねはじめたのです。どうにか車まで連れて行こうとするのですが、ベッドの上で大暴れ。手を振り回し、足でキック。これが私に命中して痛いこと、痛いこと。デイサービスのスタッフの中に体格の良い方がいたので、お願いして抱きかかえて車まで連れて行ってもらいました。助かりました。

でも、なおも親父は車の中で暴れています。隣に座っているお袋がなだめるのですが、もはや効果なく……。

ただ、デイサービスに行くとおとなしくしていたそうです。というか、寝てばかりいたようで……。

◆11月26日（木）
ケアマネージャーから在宅クリニックがあるので活用しないかと提案を受ける。すぐに同意をして手続きに入る。

Yクリニックに行き、在宅医療をしてもらうための診断書を書いてもらう。

脳神経外科に行き紹介状を書いてもらい在宅クリニックに提出する。

◆12月4日（木）
在宅クリニックの方が家に来られて契約をする。
◆12月7日（月）
初めて在宅クリニックの先生が来られる。最初に来られた先生は院長先生で「尿がでなくなったら2日しか持たない、水が飲めれば一カ月はもつといわれる」

次からは他の先生が1週間に一度来ていただけることとなり、お袋は2週間に一度見ていただくことになった。

その先生からは「毎月毎月を節目として考えてください」といわれる。

もうそんなに長くはないのかと感じ、三男坊に連絡する。

在宅クリニックの紹介だけでなく、訪問看護もしたほうが良いとのアドバイスを受け、12月7日に訪問看護の人が来て契約をする。

在宅クリニックの最初の診察のとき、院長先生に延命治療を行なわず自然死で看取りたいとお話ししました。その時にアルツハイマーの薬を飲むのをやめました。

◆12月8日（火）

12月8日に初めて訪問看護の方に来ていただく。いきなり浣腸をされる。浣腸をするときに暴れてしまう。私だけでは抑え切れず、3人ほどでどうにか抑える。浣腸が終わると暴れていたのがウソのようにおとなしくなった。気持ちよくなったのだと思う。

デイサービスと訪問介護との一日交替の生活が始まりました。

親父は日に日に元気がなくなり、ほとんどベッドで寝ています。

お小水にもおむつが必要になり、訪問介護さんがいないときは私一人でおむつ換えです。このおむつ替えにとても苦労しました。親父は暴れます。私のメガネが吹っ飛ぶのは当たり前。グーで殴られるは、蹴りは顔に入るは……。何回も唇を切って血が出ました。お袋が「Sちゃんを殴らないの」と応援してくれるのが救いでした。

あと、寝ているときも気が抜けません。おむつの使用感が嫌なのか、すぐにおむつを剝ぎ取ってしまうのです。このときお漏らしするともう大変。何度か大きな方もされて大騒ぎになりました。

でも、親父の介護が必要になったのが退職後でよかったです。ハーちゃんにこんな介護をさせるわけにはいきません。

私は何度も何度も殴られ蹴飛ばされました。子ども達には「何年かしたら私が同じことをするので覚悟しておけよ。よく見ておけよ」と言いました。

◆12月10日（木）
レンタルの床ずれ防止のマットレスと手すりが来る。

デイサービス、在宅クリニック、在宅介護、介護用品のレンタルとすべてのものと契約が終わり、完全介護生活に入りました。

［第3場　リア王の幻覚］

リア王は2つの幻覚を見ました。

一つは、ベッドに寝ているときに天井に3人の見知らぬ人が出てくる幻覚。これは夜に何回もありました。

「あなた方どなたですか？　ちゃんと名前言ってくださいよ。そんな笑ってばっかいないで。大木さんですか？　柴田さんかなあ？　え、誰ですか？　ちゃんと名前言ってくださいよ、笑ってばっかいないで。早く言って。どなたですか？」

3人の見知らぬ人がいて返事をしてくれない、という幻覚です。

もう一つは藤田事件。

これは親父が主役の再現ドラマで、台本は親父の記憶です。ハーちゃんが相手役に指名されました。1回限りの上演でした。

ハーちゃんが演じる藤田は、親父の会社員（T電気）時代の部下のようです。

舞台は親父が突然ハーちゃんに語り出すところから始まります。

「あ、ほら藤田。お前も行くんだろう、北海道」

「え、フジタ？　あたしがフジタ？」

「当たり前だ。何言ってんだ！　おまえ、藤田だろ！　早く書類を用意しろ。ちゃんと持ってけよ。お前も行くんだ、藤田！　北海道だ！」

「はいフジタです。わかりました。一緒に行きます」

「お前も来んだぞ、わかったな藤田」

「書類持って一緒に行きます」

舅のドン・キホーテを温かく見守り続ける嫁サンチョ・パンサ。私はただただ、妻に頭を下げるのみです。

親父の会社員時代。機械を北海道の病院に納品した直後に「動かない」とクレームの電話が入ったことがあるそうです。大慌てで北海道に駆けつけた親父。そのときの部下が藤田さんだったのかもしれません。このクレーム、結局はお医者さんの勘違いでした。機械のコンセントをプラグに差し込んでいなかっただけだったのです。それでは動きませんよね。

突然浮上したこの記憶。親父の心になにか引っかかるものがあったのでしょうか。

【第4場　リア王の最期】

大みそかに家族が集ってパーティー、そして元日の朝にみんなでおせちを食べる。これが我が家の年越しの恒例行事です。でもこの年（2016年）は、親父はベッドから離れることなく、流動食で過ごしました。

デイサービス、訪問看護、在宅クリニックの先生の往診……。それなりに慌ただしい生活が続く中、2月3日、親父が93歳の誕生日を迎えます。訪問看護の看護師さんたちが誕生日のお祝いをしてくれました。

このとき、在宅クリニックの先生のコメントが変わりました。

「毎月毎月、節目として考えてください」から「毎週毎週、節目として考えてください」になったのです。要警戒モードへ突入しました。


2月6日。

夕方、デイサービスから帰ってきた親父の洋服とおむつを取り替え、栄養食125mlと、アイスクリームをスプーン3杯食べさせました。その後、お袋とリビングに行き二人で食事。8時前くらいにお袋を寝室に戻します。すると、すぐにお袋が戻ってきて親父の様子がおかしいと言い出しました。慌てて見に行くと親父はぐったり。もう動きませんでした。

直ぐに在宅クリニックに電話。院長先生が来て死亡が確認されました。

お通夜、葬儀は親戚だけで行ないました。お寺のご住職と事前に話し合っていたので、葬儀の段取りなどは混乱なく進みました。

火葬場でのことです。

骨上げが終わり係員が骨壺の蓋を閉めようとしたとき、お袋が最後のお別れをするためにゆっくりと骨壺に近づいていきました。おもむろに骨壺の一番上に置かれた頭頂部の骨に手をかざすお袋。やがて軽くポンポンと骨を叩くと、骨に語りかけ始めました。

「あんた、私にことわりなく逝っちゃって。逝くなら逝くでちゃんと言ってから逝きなさい」


その翌日からが辛かったです。

お袋が親父が死んだことを忘れて、朝起きると親父を探し歩くのです。

「ウチの旦《だん》つくは？　どこにもいないの。あの人どこ行ったか知らない？」

そのたびに親父が死んだことをお袋に伝えます。そしてお袋は親父が死んだのを初めて知り、涙を流します。こんな状況をこれから毎日繰り返すのか。そう思うと……。

そのうち、私のことを旦つくと勘違いするようになりました。これはこれでまた辛く……。

たまにですが、今でもお袋は親父が死んだことを忘れます。

そのときは、葬儀屋さんが作ったお葬式の写真アルバムを見せることにしています。そこには親父とお袋が一緒に写っている写真があります。それを見るとお袋はおとなしくなります。じっと写真に見入るその横顔は淋しそうでもあり、どこか安堵しているようでもあり……。

【第9幕　祭のあと】

[第1場　口座凍結]

親父が死んだ後に大変にならないよう、生前に銀行口座を整理しておきました。5つあった口座のうち3つを解約。残りは2つだけです（この解約時に、委任契約及び任意後見契約公正証書を使いました）。

この2つの銀行口座はメガバンクと地方銀行のもの。使い分けとしては、地方銀行でローンを、メガバンクでその他の自動引き落としを行なっていました。

まずは両方の銀行の口座の残高をゼロにしました（メガバンクのほうは引き落としがあるので、若干お金を残しました）。その後、地方銀行だけに親父が死んだことを伝えました。親父の口座は即凍結。そこで親父のローンを私が代わって支払う手続きをしました。

メガバンクに親父の死去を伝えなかった理由は、自動引き落としを維持するため。引き落としができないと後の支払いが面倒なことになるので、それを避けるためでした。半年後、自動引き落としの項目が整理された後、メガバンクに親父が死んだことを伝えました。

人が亡くなると、通常はクレジットとか携帯を止める作業があります。今のネット社会だと死亡者本人でさえ把握できない月契約の課金があるかもしれません。しかし親父の場合はパソコンもできずクレジットも携帯も持っていないのでその心配はありませんでした。もし何かの課金があったとしても、銀行口座から引き落とされるときにチェックができますし。

「第2場　相続の作業」

税理士Tさんに会って、これから何をすべきか質問しました。すると、「今までに手を打ってきているので特に何もすることはないです。相続税の資料を作って提出するだけ。粛々と事務手続きを進めてください」と言われました。

相続の事務手続きを箇条書きにするとこうなります。

1. 故人（被相続人）の原戸籍を取得し、相続人を確定する
2. 相続人で遺産分割協議を行なう
3. 遺産分割協議書に従い相続登記をする

戸籍のフォーマットは法改正で時折変更されていて、改正前の戸籍が「原戸籍」と呼ばれて保存されています。実は、戸籍のフォーマットが変わるときに転載されない項目があります。たとえば養子縁組の子どもや認知した子どもの存在です。だから相続人を確定するためには、過去のすべての事実に遡れる原戸籍を洗い出す必要があるわけです（また死亡後の銀行口座の解約や相続登記などにも原戸籍は必要になります）。

本籍地が変わっていなければ行く役所は一カ所で済みますが、親父の場合は3カ所ありました。郵送でも対応はしてくれますが、場所が近くなので取りに行くことにしました。

驚いたのは2番目に行った役所の原戸籍です。役所の人に書類を見せ次にどこの役所に行けばよいかを尋ねたところ、麻布区役所に行ってくれといわれたのです。

麻布区役所⁉

え？　どこ？

聞けば、東京都に１９４７年まであった麻布区。どうすればいいんですかと聞いたら、港区役所に行くようにいわれました。

すべての原戸籍を取得した結果、養子縁組も認知した子どももいませんでした。これで相続人はお袋と私と三男坊の三人に確定し、次は遺産分割協議となります。

税理士Tさんにより総資産等が確認されるのを待って、三男坊と遺産分割協議を行ないました（認知症のお袋は参加せず）。

遺言書を尊重し、その上で税理士Tさんのアドバイスを聞きながら、揉めることなく無事に終わりました。

親父の遺言書は15年前の２００１年に公正証書で書かれたものです。行方不明の次男坊の生存が前提であるなど、詳細についてはいろいろ実態と違っていました。この遺言書だと相続で揉める要素はたくさんあるように思えます。

当たり前のことですが家族とは仲良く。そして何より情報をきちんと共有しておくことが大切。

それが問題が起こさない一番の方法なのだと改めて思いました。

遺産分割協議書ができると今度は相続登記です。

我が家の家風は「できるものは自分でやれ！」です。何事も丸投げしないで自分でしっかりと中身を把握して進めていけという両親の教えというか。

そこで、一般的には司法書士に依頼する相続登記を自分ですることにしました。これが始めると結構厄介な作業でした。でもなんとか自力でクリア。なにか私のルーティン生活の始まりの予感がします。まあ、それはそれで……。

こうして親父の相続は終わりました。

これからは、お袋の相続対策を考えなくてはなりません。原稿を書いている２０１９年2月現在でお袋は88歳。要介護は3になりましたが元気です。食欲も旺盛。最近は3キロほど太りました。

3月に誕生日を迎えるお袋に生年月日を訊いてみました。すると「そんな昔のこと忘れてしまった」というお返事。

またいろいろなことが始まるかもしれません。

【おわりに1　長男坊】

「親が死んだときに相続がどうなるのか」

そんな疑問を持つ方、あるいは相続対策をはじめようと考えている方は多いと思います。でも実情は、日々の仕事に追われていることを理由に放置したり、親から「俺が死んだことを考えるのか」と言われて手がつけられなくなったり……。そんな感じなのではないでしょうか。

実際私もそうでした。

現役の管理職でバリバリ働いていた頃は、会社が忙しいということを理由にして相続対策を先送り。妻の苦言で活動を開始した時は、平日に時間を割いて活動する余裕がないのでどうしようかと思っていたくらいです。

ところがです。

時間というものは不思議なものです。

意識を少しだけ変えるだけで作れるものだということがわかりました。

少しずつですが、忙しい時間の合間を縫って相続税対策に時間を割くことができるようになっていったのです。

結婚できない人がよく「仕事が忙しいから結婚できない」と言い訳をします。でも、忙しくても結婚している人もいます。このことと同じことなんだと痛感しました。

何事も、言い訳している間は絶対に前に進まないものなんですね。ご注意を。


親父が死んであっという間に3年が過ぎました。

私の相続対策の場合、紆余曲折はあったものの動き始めた時期がとてもよかったと今では思っています。

人それぞれ財産の形も違うので進め方も違ってくるのは当然です。しかし、相続対策をするんだという強い気持ちがないとなかなか前に進まないのは同じです。まずは第一歩を踏み出す勇気が必要。後で後悔しないように早めに相続対策をすることをお勧めします。


最後に。

親父とお袋の面倒を自分の親のようにみてくれた妻の晴代、いつも親身になって助けてくれた娘と息子には本当に感謝します。また、妻の妹にも大変お世話になりました。娘と息子には私の相続で苦労させないよう肝に銘じて生きていきたいと思います。

具体的な相続税の話だけでなく、我が家全体の行く末を心配してアドバイスをしていただいた税理士のT先生には感謝してもあまりあるものがあります。本当にありがとうございました。

不動産関連の的確なアドバイスをいただいたKさんやケアマネジャー、在宅クリニック、訪問看護、デイケアサービスの方々にも、この場を借りてお礼を申し上げます。

「結婚してから、ずっと3人（親父、お袋、ハーちゃん）で珍道中してきた感じ」

妻のハーちゃんは明るくそう笑い飛ばします。

やっと最期になって、私もその仲間に混ぜてもらったようです。

2019年2月

伊藤伸一

【おわりに2　三男坊】

私は父が苦手。

10代の頃から、父の影響から極力逃れるように心がけてきました。一旦父のテリトリーに入れば、頭の中にまで入り込まれ、ガチャガチャにされてしまうことは明らかでしたから。なので、大学の進路は父が最も嫌う文学部を選びました。

「文学部に合格だと⁉　もう一年受験勉強してちゃんとした学部に入れ！」

実務家で専門分野に秀でている父。ですが興味のないことにはさっぱりです。文学・芸術の分野がまさしくそれでした。見向きもしないというか、世の中に存在していないことにしているというか。それが私にとってなんとも居心地がよかったのです。

父は小説を読みません。シェークスピアも知りません（もちろんリア王も知りません）。

父は映画を観ません。生涯で見た本数は10本以下です。

そこで私は映画会社に就職します。

ミッション成功。コンプリート。

これで父は私の頭の中をいじることはできません。

そんな父子なので、たまに会ってももちろん会話は成立しません。

でもただ一度だけ、ほんとに生涯一度だけ、父と意見が合致したことがあります。それは実家でテレビドラマを観ていたときです。

「いいね、このテレビ」

父がそう言ったのです。私もそのドラマがよく出来ていると思い賛同しました。私は生まれて初めて父と見つめ合い、微笑み合ったのです。

と、父はおもむろに立ち上がるとテレビの元に。

「ほんとにいいなあ、この画質」

ディスプレイ画面に顔を近づけ満面の笑みの父。

父はエンジニアとして、私はドラマ作りに携わる者としてテレビを見ていたのですね。

やっと会話ができるようになったのは、父が衰えてからのことです。

頭の力が弱まり自分の意見を人に押し付けないようになった頃から、少しずつ会話ができるようになりました。もっともそう思っているのは私だけで、父の意見は違うと思いますが。

一番楽しかった父との会話は亡くなる前年のこと。

もうベッドから離れなくなった父がうわごとのように私に話しかけてきたのです。どうやら設定は電車の中。父はどこかを旅しています。そして見知らぬ乗客（私）に話しかけたのです。まるで宮沢賢治の「銀河鉄道の夜」のように2人は星巡りをしながら会話を楽しみました。父が主人公のジョバンニ、私が親友のカムパネルラ。詳しい内容は忘れましたが、まるでそんな感じでした。とてもとても静謐で濃厚な素敵な時間が流れていきました。

ボケて始めて会話が成立することもあるのですね。ボケることは辛いことですが、少しはいいこともあるようです。そんなことを父に言ったら「お前はまた訳の分からないことをいって」と言われるに決まっていますが。

最後に。

本文に書いた相続や法律に関する情報は当時のものです。今現在、変更になったものもあるのでご注意下さい。特に、相続に関する民法等の規定（いわゆる相続法）は40年ぶりに改正されましたのでお気をつけ下さい。

実はこの改正でとても気に入っている点があります。それは介護した人が相続人に対し金銭の請求をすることができるようになったことです。義姉の晴代さんに両親の介護をしてもらっている者としては当然の改正だと思います。晴代さんにこの場をお借りして心から感謝を述べたいと思います。いろいろありがとうございます。また、出版に当たって言視舎の杉山尚次さんにご尽力頂きました。改めてお礼を申し上げます。そして父の素敵なイラストを描いていただいた工藤六助さんに感謝です。

父にとって私は扱いにくい息子。
「こんな本書きやがって。死んでからもこれか。この野郎」
そんな声が聞こえてくるようです。
へへへ、ざまあみろ！　です。

２０１９年2月

伊藤正治

【主な参考文献】

『クロワッサン特別編集 新訂版　身内に介護が必要なときの手続き』マガジンハウス
『クロワッサン特別編集 新訂版　身内が亡くなったときの手続き』マガジンハウス
『日経ムック　よくわかる相続2019版』日本経済新聞出版社
『大切な身内が亡くなったあとの手続きの本2019改訂版』椙出版社
『イラスト図解 介護のしくみ』石田路子：日本実業出版社
『親が倒れた！　親の入院・介護ですぐやること・考えること・お金のこと』太田差恵子：翔泳社
『相続に困ったら最初に読む本』曽根恵子：ダイヤモンド社
『相続は誰に任せるかで大きく変わる』曽根恵子・寺西雅行：週刊住宅新聞社
『わかりづらいと思われがちな相続を極力わかりやすく解説した本』天野隆：主婦の友社
『親を見送るときに役立つお金と心の本』天野隆・香山リカ：主婦の友社
『大相続時代がやってくる　すっきりわかる仕組みと対策』田中陽：ＮＨＫ出版新書

がない』のが普通だ。

15　実社会では『正解がない』という問題が大部分！

「シンドい！」「むずかしい！」という学生に対し、筆者いわく。

「将来、諸君はエンジニアになるはず。そのエンジニアが当面する技術問題では、こうすればこうなる……なんていった具合に、すぐ正解が出るような問題なんてないよ！」

「どうしたらよいかわからないのを解決する……これがエンジニアの仕事だよ！」

「正解があるとわかれば……たとえば“ヨーロッパで発見された”なんていうニュースが流れただけですべての人が目の色を変えて努力する。残業徹夜をいとわずに……」

「今まで世界中どこでも成功していない……なんていうときには、“駄目なものは駄目！”とかなんとかいって、チンタラ、チンタラやっていたのが、それがトタンにファイトを燃やす……そんなエンジニアのまあ、なんと多いことよ！」

（つづく）

解答：【問１】６　【問２】１

「先生、あれないよ！」

「あんな問題初めてだ！」

なんていうことで、学生はギャフンと参ってしまう。

とにかく『選択肢の中には正解が必ずある』と教育され、そのように指導されてきた受験生活。

そこに『正解がない』ときたのでは、度胆を抜かれてしまうらしい。

13　躊躇する学生

学生いわく。

「今までだったら、これが正解だ！と、思ったら即座に選択肢を決めてしまいました。しかし、伊藤先生の問題だと、そうはいきません。正解がないかもしれないのですから、とにかくすべて計算してみないと、安心感が湧いてきません！」

またいわく。

「とにかくむずかしいです……『正解がない』という問題は……。すべての選択肢について計算し、チェックしないと『正解がない』ということにならないからです。僕など自信がないでしょう。そこで『わからない』で５点を稼ぎました。今までだったら正解が見つかると残りの選択肢などは見向きもしなかったのですが、それが全部の選択肢について計算せねばならぬのでシンドイでーす！」

14　10問中３～４問は『正解がない』

で、筆者、『正解がない』という問題をなるべく多く出題するようにしている。

10問出題すると、その中の３問、ときには４問に『正解で、かろうじて合格……となる。

11 『正解がない』という選択肢

しかし、こんな『わからない』なんていう些細なテクニカルな手法のことはこれくらいにしよう。

それより、もっと本質的な問題を含んでいて、筆者が「これだ！」「これこそ！」と思っている『正解がない』という選択肢のことに話を進めよう。

実は、『わからない方式』を２回か３回やっているうちに気が付いたのが『正解がない』という方式なのである。

というのは、『わからない』を導入しても、まだまぐれがつきまとうことに気がついたからである。

そのまぐれとは、世に言う消去方式というやつで、「これであるわけがない！」「絶対にこれではないぞ！」といって、たくさんある選択肢の中から順次“疑わしいもの”を消していく。

……残りの選択肢は[3]と[5]。

ここで登場するのが、皆さま、ご承知の鉛筆で、鉛筆に印をつけておき、「丁か？」「半か？」よろしく、鉛筆をゴロゴロと転がして……というやつ。

これではいくら『わからない』をつくっても“運”をぬぐい去れないぞ！

12 見たことも、聞いたこともない『正解がない』という選択肢

そこで考えついたのが『正解がない』という選択肢なのだ。

試験を終わってから学生に感想を聞くと、

8　残る３問に命（？）を賭ける……その勇気！……

しかもだ。前述したように７問『わからない』とした学生の数が50人中４人。

これには参った！

しかし、考えてみるとその勇気をたたえるべきだと思い、その後もずうっと「わからないは５点、63点で合格」すなわち「10問中７問をわからないとしても合格」を守ってきた。

9『わからない』を３点にしようかな⁉　と、目下思案中

しかし、人間の気持ちとは不思議なもの。

10年近くも「わからないは５点、63点以上を合格」とやってきたが、これを多少修正して「わからないは３点、63点以上合格にしようかな⁉……とも考えるようになってきた……最近。

10　すると……

すると、『わからない』という切り札は何回使用可能か？……となるわけだが、『わからない』を６回使用すると、

わからない	６問	$3 \times 6 = 18$
正解	４問	$10 \times 4 = 40$
		合計　58

……となり、63点にはわずかに及ばないことになる。

そこで、『わからない』を５問に対し、“使用可能”にすると、

わからない	５問	$3 \times 5 = 15$
正解	５問	$10 \times 5 = 50$
		合計　65

正解	10 点
誤	0 点
わからない	5 点

6　全問『わからない』で 50 点……これを防ぐために……

しかしだ。以上のようにすると、全問を『わからない』とした場合、50 点も取れてしまう……まずい！

そこで考えたのが、次の条件。

『満点は 100 点。63 点をもって合格とする！　62 点以下は落第！』

筆者にとっては初めての体験……“多少の試行錯誤も許される”と思い出題してみた。

試験を終了して採点……となって、まったく予想だにしなかったことが起きたのである。

10 問の出題に対し、7 問『わからない』という選択肢を選んだ学生が出てきたのである。しかも、50 人中 4 人も……。

7　10 問中 7 問『わからない』で合格

「7 問も？」……と、あわてて計算してみたら、

7 問『わからない』で、　5 点 × 7 ＝ 35

残る 3 問を正解すると　10 点 × 3 ＝ 30

合計　65

で、見事 63 点をクリアーするじゃないか！

いや、これはすごい！　……零点だ！

4　絶対に『零点』ということがあり得ない現在の選択肢方式

……と、思いつつ、200人とか300人とかいる受験生の答案を監督者全員で集めながら「ハッ」と気が付いた。

「おや、零点じゃないや⁉　……絶対に……」

「少なくとも何点かは取れるぞ！」」

「たとえば、選択肢が1から6まであるとすると、all 3で解答しても“確率的に”6個の中の1個は正解になり、100/6＝16点くらいは取れるぞ！……いや、必ずそのぐらいは取れるはず！」

「もし選択肢が1から4までしかなければ確率から考えると1/4＝25点は確実……とはいわぬが、まず期待してよさそうだ！」

5『わからない』を選ぶと5点、間違えると0点

「これじゃ、まずい！」

「あてずっぽうもよいとこだ！」

「運が、かなり……」

などと、考えたのであった。

その結果考え出したのが『わからない』という選択肢。

ただし条件として『わからない』という選択肢の使い方に次のような条件を付けたのであった。

『問題は全部で10問、ただし、次ページの表のように採点する』

3 「わからない」という選択肢

「なぜ、こんなあまり見かけない選択肢を考えたの？」かというと、実は筆者、某国立大学に在職中のこと。

国立大学ということで共通一次試験では、たくさんの受験生が。……といってもいわゆる場所貸しということで“我が校”を受験するのではなく、大部分は他の大学を受験してしまう受験生なのだが……。

2時間という時間は受験生にとっては大変に短い時間であろうが、試験を監督する身にとってはつらくてなが～い2時間……。

うまくいって当たり前、何か問題が起これば、それこそ大変……という2時間。

ひまなような、ひまでないような2時間。

で、その間、ジッと受験生のそぶりを見ているわけだが、ある年、氏名と受験番号を書いたっきり、後は何も書かない受験生がいることに気が付いた。

「おや？　いったい全体どうするのかな？」……と考えだしたら気になってしようがない！……と試験終了まであと5分！

ところがだ！？　その受験生、やおら鉛筆を握るやいなや、いきなり答案を書き始めたじゃないか？

「おや？」と思い、それとなくその受験生のそばまで行き、答案を見て驚いた！

all ③……すなわち問題のすべての解答が、同じ選択肢の③なのである。

もちろん昔のことなので、選んだ選択肢が all ③だったか all ④だったかとは忘れたが、とにかくすべてが同じ選択肢！

特別付録「リア王」が書いたエッセイ

学生がギャフンと参る『正解がない』試験問題

大学教授　リア王

1　例題をやってみてください！

まずはともあれ例題を二題！

【問１】

１＋２・・・はいくつですか？

次のなかから選びなさい。

1正解なし　2わからない

30　41　52　63　74　85　96

【問２】

日本は世界で唯一の原爆の被爆国です。終戦の年に広島と、もう一つ別の都市に原爆が落とされたのですが、さて、そのもう一つの都市とは次のどれですか。

1正解なし　2わからない

3札幌　4仙台　5新潟　6名古屋

7岡山　8福岡　9熊本

さて、正解は？・・・・・本文の最後に載せておいたので、ご覧願おう。

2　何が違うの？

やってみておわかりとは思うが、世間一般に出されている試験問題とは違うのである。

「どこが違うか？」というと、1正解なし、2わからない、という二つの選択肢がある点だ。

伊藤伸一（いとう・しんいち）

1955年生まれ。1979年慶應義塾大学工学部応用化学科卒業。

1979年4月から精密機械メーカーに勤務し、主に企画・マーケティング畑を歩む。

2011年在職中に慶應義塾大学大学院システムデザイン・マネジメント研究科システムデザイン・マネジメント学専攻修士課程修了。

現在は、フォーティーフォー代表取締役。

伊藤正治（いとう・まさはる）

1959年生まれ。日本映画監督協会会員。

日活の社員助監督を経て、1990年『微熱 MY LOVE』で映画監督デビュー。

主な作品に『軽井沢夫人・官能の夜想曲（OV）』『世にも奇妙な物語 / ざしきわらし（TV）』など。

著書にノベライズ（編訳）の『フューリー』『シルミド』など。

城西国際大学・非常勤講師。

装丁………長久雅行
イラスト………工藤六助
DTP制作………REN
編集協力………田中はるか

認知症になったリア王——相続と介護

発行日❖2019年3月31日　初版第1刷

著者
伊藤伸一、伊藤正治

発行者
杉山尚次

発行所
株式会社言視舎
東京都千代田区富士見2-2-2　〒102-0071
電話 03-3234-5997　FAX 03-3234-5957
https://www.s-pn.jp/

印刷・製本
モリモト印刷（株）

ISBN978-4-86565-143-0 C0036